"十四五"职业教育国家规划教材

"十三五"职业教育国家规划教材

"十三五"职业教育新能源汽车专业"互联网+"创新教材

电动汽车结构原理与检修工作页

主　编　敖东光　宫英伟　陈荣梅
副主编　胡海玲　李倩龙　薛　菲　张　毅
参　编　李维强　高　磊　彭保才
主　审　姜建才　罗雪虎

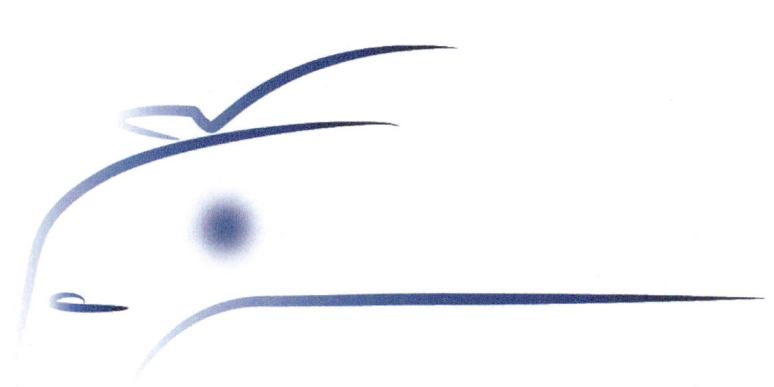

机械工业出版社

本书是"十四五"职业教育国家规划教材。

为了适应新时期职业教育人才培养的需要，以及科学技术发展的新趋势和新特点，我们组织教师和企业专家成立了课程研发小组，用"互联网＋汽车专业"思维创新模式，编写了这套"十三五"职业教育新能源汽车专业"互联网＋"创新教材，包括《走进新能源汽车》《电动汽车维护与保养》《电动汽车结构原理与检修》《电动汽车总装技术》以及相应的工作页。

本书是与《电动汽车结构原理与检修》教材配套使用的工作页，共分为6个学习情景，18个学习任务。本书采用工作页这一灵活的形式，通过填写部件名称与序号、描述工作原理、文字理解、看图答题等项目的练习，重点介绍了电动汽车维修安全操作、整车控制系统结构原理与检修、动力电池系统结构原理与检修、驱动电机及控制系统结构原理与检修、充电系统结构原理与检修和辅助系统结构原理与检修知识。

本书可作为职业院校新能源汽车和汽车维修等相关专业的教学用书，也可以作为汽车企业内部培训资料，还可以作为汽车维修技术人员的参考用书。

图书在版编目（CIP）数据

电动汽车结构原理与检修工作页/敖东光，宫英伟，陈荣梅主编 .—北京：机械工业出版社，2017.3（2025.7 重印）
"十三五"职业教育新能源汽车专业"互联网＋"创新教材
ISBN 978-7-111-56105-7

Ⅰ.①电… Ⅱ.①敖…②宫…③陈… Ⅲ.①电动汽车–结构–高等职业教育–教材②电动汽车–车辆修理–高等职业教育–教材 Ⅳ.①U469.72

中国版本图书馆 CIP 数据核字（2017）第 031661 号

机械工业出版社（北京市百万庄大街22号　邮政编码100037）
策划编辑：曹新宇　责任编辑：曹新宇　张丹丹
责任校对：张　薇　封面设计：马精明
责任印制：张　博
固安县铭成印刷有限公司印刷
2025 年 7 月第 1 版第 12 次印刷
210mm×285mm・10.25 印张・286 千字
标准书号：ISBN 978-7-111-56105-7
定价：39.80 元

电话服务　　　　　　　　网络服务
客服电话：010-88361066　机 工 官 网：www.cmpbook.com
　　　　　010-88379833　机 工 官 博：weibo.com/cmp1952
　　　　　010-68326294　金　书　网：www.golden-book.com
封底无防伪标均为盗版　　机工教育服务网：www.cmpedu.com

关于"十四五"职业教育
国家规划教材的出版说明

为贯彻落实《中共中央关于认真学习宣传贯彻党的二十大精神的决定》《习近平新时代中国特色社会主义思想进课程教材指南》《职业院校教材管理办法》等文件精神，机械工业出版社与教材编写团队一道，认真执行思政内容进教材、进课堂、进头脑要求，尊重教育规律，遵循学科特点，对教材内容进行了更新，着力落实以下要求：

1. 提升教材铸魂育人功能，培育、践行社会主义核心价值观，教育引导学生树立共产主义远大理想和中国特色社会主义共同理想，坚定"四个自信"，厚植爱国主义情怀，把爱国情、强国志、报国行自觉融入建设社会主义现代化强国、实现中华民族伟大复兴的奋斗之中。同时，弘扬中华优秀传统文化，深入开展宪法法治教育。

2. 注重科学思维方法训练和科学伦理教育，培养学生探索未知、追求真理、勇攀科学高峰的责任感和使命感；强化学生工程伦理教育，培养学生精益求精的大国工匠精神，激发学生科技报国的家国情怀和使命担当。加快构建中国特色哲学社会科学学科体系、学术体系、话语体系。帮助学生了解相关专业和行业领域的国家战略、法律法规和相关政策，引导学生深入社会实践、关注现实问题，培育学生经世济民、诚信服务、德法兼修的职业素养。

3. 教育引导学生深刻理解并自觉实践各行业的职业精神、职业规范，增强职业责任感，培养遵纪守法、爱岗敬业、无私奉献、诚实守信、公道办事、开拓创新的职业品格和行为习惯。

在此基础上，及时更新教材知识内容，体现产业发展的新技术、新工艺、新规范、新标准。加强教材数字化建设，丰富配套资源，形成可听、可视、可练、可互动的融媒体教材。

教材建设需要各方的共同努力，也欢迎相关教材使用院校的师生及时反馈意见和建议，我们将认真组织力量进行研究，在后续重印及再版时吸纳改进，不断推动高质量教材出版。

机械工业出版社

前言

随着我国汽车产销量的逐年增加，汽车与能源、汽车与交通、汽车与环保、汽车与城市化等问题也日益突出，发展新能源汽车已刻不容缓。从 21 世纪初的"十五""863"计划电动汽车重大专项主要政策开始，到 2009 年《新能源汽车生产企业及产品准入管理规则》，新能源汽车越来越受到国家、企业的重点关注。同时，发展新能源汽车还承载着我国弯道超车的梦想，因此研发高效能、高环保的新能源汽车已成为我国汽车工业发展的重要主题。

目前，我国自主品牌的新能源汽车在全球市场高歌猛进，很多自主品牌，如北汽新能源、比亚迪等已经在新能源汽车市场取得了很优秀的成绩。尤其是近年来在政府的支持下，个人购买电动汽车的数量急剧增加，新能源汽车行业前、后市场对技能人才的需求量不断增大。为此，我们组织教师和企业人员成立了课程研发小组，主要结合企业岗位的实际需求，广泛参考借鉴了国内外新能源汽车方面的研究成果，形成以模块式课程为载体、以工作过程为主线、以任务驱动教学为主要形式的专业课程开发思路，编写了本套教材，包括《走进新能源汽车》《电动汽车维护与保养》《电动汽车结构原理与检修》《电动汽车总装技术》以及相应的工作页。

本书始终坚持正确的政治方向，以国家和社会的需求为导向，以专业人才培养目标为依据，以所在专业能力结构为主线，将习近平新时代中国特色社会主义思想和党的二十大精神融入教材，以全力打造精品教材为出发点，以每一个学习情境、每一个学习任务、每一幅插图为落脚点，全面落实立德树人的根本任务，发挥铸魂育人实效。

本书是与《电动汽车结构原理与检修》教材配套使用的工作页，采用学习任务模式导入，设定的情景多来源于企业一线并配合教学一线的教学经验，具有很好的教学效果。本书以目前市场上的主流电动汽车——北汽车型为参考，结合其他品牌的电动车型，以电动车的主流技术及其检修方法为出发点，按照汽车维修职业岗位应掌握的技能和知识，进行学习情景的课程教学，对电动汽车的维修知识进行了全方位的介绍。6 个学习情景分别为学习情景 1 电动汽车维修安全操作、学习情景 2 整车控制系统结构原理与检修、学习情景 3 动力电池系统结构原理与检修、学习情景 4 驱动电机及控制系统结构原理与检修、学习情景 5 充电系统结构原理与检修、学习情景 6 辅助系统结构原理与检修。每个学习情景内容由若干个学习任务组成。

本书由北京汽车技师学院组织编写，由姜建才、罗雪虎主审。本书由敖东光、宫英伟和陈荣梅担任主编，胡海玲、李倩龙、薛菲、张毅担任副主编，其他参与编写的还有李维强、高磊、彭保才。

本书可作为职业院校新能源汽车和汽车维修等相关专业的教学用书，也可以作为汽车企业内部培训资料，还可以作为汽车维修技术人员的参考用书。

限于编者水平和经验，书中难免存在缺点和漏洞，恳请广大读者批评指正。

编　者

目 录

前言

学习情景1　电动汽车维修安全操作

学习任务1　电气危害与救助 …………………………………………………………… 002
学习任务2　高压安全与操作 …………………………………………………………… 008

学习情景2　整车控制系统结构原理与检修

学习任务1　更换整车控制器 …………………………………………………………… 018
学习任务2　检修整车控制器与其他子系统的连接故障 ……………………………… 027
学习任务3　检修整车供断电控制故障 ………………………………………………… 038

学习情景3　动力电池系统结构原理与检修

学习任务1　拆装动力电池 ……………………………………………………………… 046
学习任务2　更换动力电池内部组件 …………………………………………………… 053
学习任务3　检修动力电池故障 ………………………………………………………… 063
学习任务4　检修仪表报动力电池故障、动力电池高压断开故障 …………………… 076

学习情景4　驱动电机及控制系统结构原理与检修

学习任务1　更换驱动电机系统部件 …………………………………………………… 086
学习任务2　检修驱动电机控制系统故障 ……………………………………………… 096

学习情景5　充电系统结构原理与检修

学习任务1　检修快充系统故障 ………………………………………………………… 106
学习任务2　检修慢充系统故障 ………………………………………………………… 113
学习任务3　检修直流高压转低压故障 ………………………………………………… 120

学习情景6　辅助系统结构原理与检修

学习任务1　检修制动系统故障 ………………………………………………………… 128

学习任务 2　检修冷却系统故障 …………………………………………………………… 136
学习任务 3　检修电动助力转向系统故障 ………………………………………………… 142
学习任务 4　检修电动空调系统故障 ……………………………………………………… 148

参考文献 ……………………………………………………………………………………… 155

学习情景1

电动汽车维修安全操作

- 高压安全操作
  - 车辆的电气防护
  - 对电动车辆维修的安全操作规程
  - 电动汽车高压系统结构及功能介绍
  - 使用绝缘电阻测试仪对车辆进行绝缘检查
  - 使用钳形电流表测试电流
  - 通过断电检查判断故障
  - 高压互锁的检查

- 电动汽车维修安全操作

- 电气危害与救助
  - 电气事故及原因
  - 电流对人体的危害
  - 电弧对人体的危害
  - 人体触电的方式
  - 电击预防技术
  - 电击事故急救

学习任务1　电气危害与救助

一、任务描述

客户委托：对触电的维修技师进行救助

一名维修技师在维修电动汽车高压系统时，没有按照安全操作规程进行操作导致触电，作为车间的技术人员请对这名技师进行现场救助。

教师协助学生分析工作任务，运用问题引导方法：

1. 电动汽车动力电压与传统汽车的电源电压有什么区别？
_____
_____
_____

2. 电动汽车的高压部件都有哪些？
_____
_____

二、任务分析

根据任务描述中车辆的情况明确本次工作任务，并分析完成本次工作任务所需要掌握的知识点有哪些？

三、任务资讯

1. 电气事故

由于电气原因而造成的人身伤亡和设备损坏的事故，叫作电气事故。它包括人身事故和设备事故。人身事故包括_____、电磁伤害、_____、雷电伤害、_____造成人身伤害等。设备事故包括_____、漏电、_____等。发生人身事故和设备事故，大多数是由于违反安全操作规程或安全技术规程造成的。

2. 电气事故原因

请写出发生电气事故的三个原因：_____，_____，_____。

3. 电击电流大小及危害

人碰到带电的导线，电流通过人体就叫作触电。触电后，会对人体和内部组织造成不同程度的损伤。请将流过人体的电流与人体反应表补充完整。

流过人体的电流/mA	人体的反应
0.6~1.5	
2~3	
5~7	
8~10	
20~25	
50~80	
90~100	

4. 摆脱电流

摆脱电流是指人在触电后能够自行摆脱带电体的最大电流。成年男性平均摆脱电流约为16mA，成年女性平均摆脱电流约为10.5mA，儿童的摆脱电流较成人要小。请画出电流强度增大时对人体受伤害简图。

5. 交流电对人体的危害

工频交流电的危害性大于直流电，因为交流电主要是麻痹破坏_____，往往难以自主摆脱。一般认为_____的交流电对人体最危险。随着频率的增加，危险性将降低。当电源频率大于2000Hz时，所产生的损害明显减小，但高压高频电流对人体仍然是十分危险的。对于交流电，如果电流在心脏的滞留时间达到大约_____ms，就会致命！

6. 根据下图完成问题

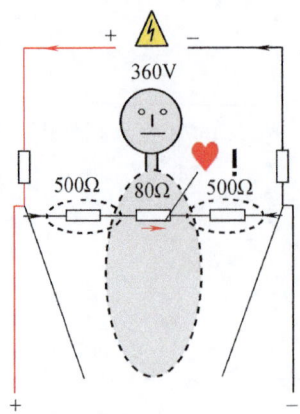

问题1：当在高电压车辆上双手触电时，流经人体的电流为多少？摆脱时间是多少？会发生什么危险？

问题2：当在高电压车辆上单手触电时，流经人体的电流为多少？摆脱时间是多少？会发生什么危险？

7. 电击及事故后果

电击对人体会产生电击效应、_____、_____、_____四种情况。

8. 工作于交流低压（220V/380V）电源时人体触电的方式

这种情况下，人体触电有直接触电（单线触电、两线触电）和间接触电（跨步电压触电、其他触电形式）两种方式。请将对应的触电方式填写在横线上，并思考人体接触220V裸线触电，小鸟儿两脚站在高压裸线上却无事是什么原因？

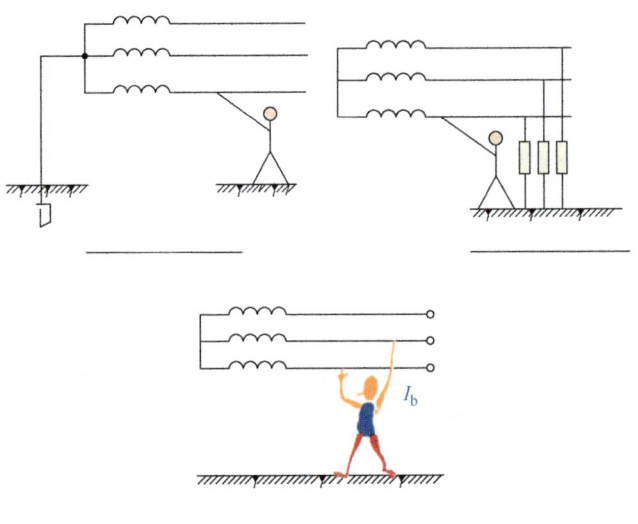

9. 电击预防技术

直接接触电击预防技术分为_____、_____和_____三类（最常见的安全措施）。

10. 电击防护用具

电击防护用具包括_____、绝缘靴、_____、护目镜、_____工具。

四、计划决策

> **温馨提示**
>
> 请各小组学习、思考和讨论解决问题的具体工作计划，考虑时间、工具、物料并将流程图画在下面空白处，接下来各组派出代表陈述本组的工作方案。

工作计划流程图

> **温馨提示**
>
> 各小组对其他组的工作计划进行互评，教师总评，并将评语写在侧面框内。各小组根据教师和各组的评价进行方案优化。

优化后的流程图

各小组组长确定每一位学生的学习角色，对小组任务进行分配。组员按组长的要求完成相关任务内容，并将自己所在小组及个人任务内容填入表中。

课堂任务：		
序　号	成员角色、任务分配	负责人

工具准备：

序　号	工具名称	工具数量
工具使用规范	请填写工具使用规范	

五、任务实施

请对触电的维修技师进行急救。

序　号	对触电的维修技师进行急救	完成情况
1	脱离电源，如果开关或插头就在附近，应立即拉断刀开关或拔去电源头	是□否□
2	当无法切断电源时，可使用绝缘工具或干燥的木棒、木板等不导电物体使触电者脱离带电体	是□否□
3	评估伤患意识：判断病人神志是否清醒 检查呼吸道是否通畅 检查呼吸：评估呼吸活动，每分钟12~18次 判断呼吸的方法： 看——看伤员胸部、腹部有无起伏动作 听——用耳朵贴近伤者的口鼻处，听有无呼吸声 感觉——试测口鼻有无呼吸气流	是□否□

(续)

序 号	对触电的维修技师进行急救	完 成 情 况
4	检查脉搏和瞳孔 循环体征：脉搏搏动每分钟 60~80 次 瞳孔反应：散大或缩小或双侧不等大	是□否□
5	清除口腔异物	是□否□
6	人工呼吸 呼吸方式：口对口，口对鼻，口对口鼻，口对面罩 注意事项：吹气时要捏住病人鼻孔，吹气结束松开；吹气时一定要将病人的口包严，以免漏气	是□否□
7	吹气时要用眼睛余光观看病人胸部是否起伏，每吹两口气之间间隔 2~3s	是□否□
8	胸外按压 上半身前倾，双肩位于双手正上方，肘关节伸直，垂直向下用力，借助自身上半身的体重和肩臂部肌肉的力量进行操作	是□否□

六、任务检查与评价

1. 请进行必要的最终检查和"6S"管理
2. 请根据实施过程进行总结并完善改进工作计划

总结内容和改进工作计划：

3. 学生填写自评表

要求每一个小组学生派代表上讲台讲述小组的学习成果和经验收获。

小组经验分享记录

4. 教师填写总评表

老师评价结果记录

学习任务 2　高压安全与操作

一、任务描述

客户委托：按照正确的操作规程对车辆进行检查

一辆北汽 EV200 电动汽车仪表盘高压系统故障警告灯点亮，车辆不能行驶。作为一名维修技师要对此车进行维修，请按照正确的操作规程对车辆进行检查。

教师协助学生分析工作任务，运用问题引导方法：

1. 维修电动汽车时应注意哪些事项？
_____
_____

2. 维修电动汽车是否需要经过专门的培训？培训涉及哪些内容？
_____
_____

二、任务分析

根据任务描述中车辆的情况明确本次工作任务，并分析完成本次工作任务所需要掌握的知识点有哪些？

三、任务资讯

1. 车辆的电气防护

在电动汽车上由于存在高压电,为了保证驾驶和维修安全,必须进行必要的电气防护。请写出必要的电气防护措施:

_____
_____
_____

2. 请根据下图将三种电气网络的名称写在相应图形下方的横线上

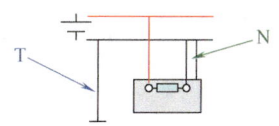 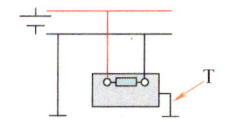 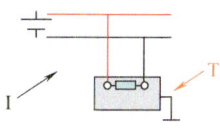

_____ _____ _____

3. 请根据下图说明出现图中的第 1 个故障和第 2 个故障时,车辆分别会发生的情况

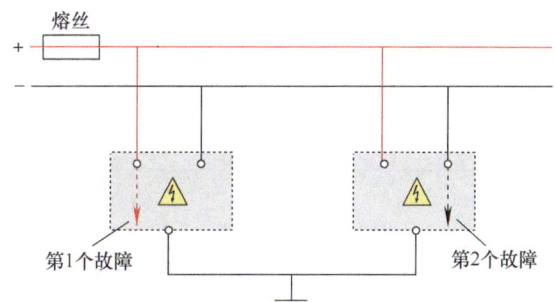

第 1 个故障_____
第 2 个故障_____

4. 高压电缆防护

高压正极和高压负极通过各自单独的导线与高压部件相连接,车身不用接地(搭铁)。请在下图方框处填写引线所指的结构名称。

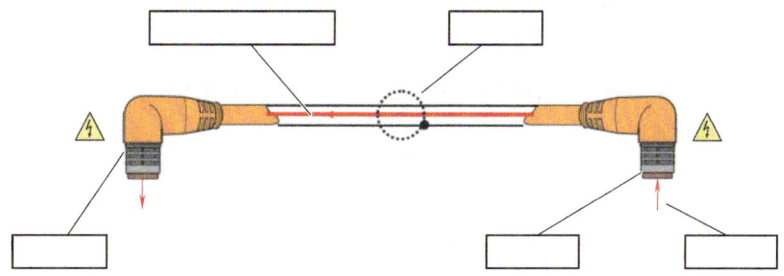

5. 高压插头

电动汽车的高压插头和插座都具有特殊的结构形式,请在下图方框处填写引线所指的结构名称。

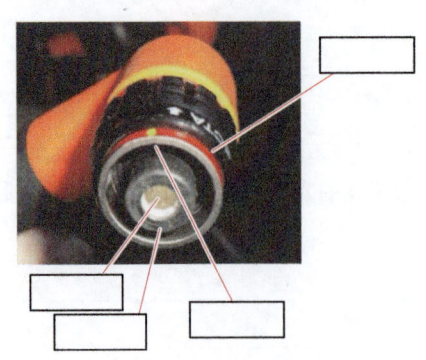

6. 维修开关

电动汽车上都安装有维修开关,在维修时将插头拔下,保证维修时断开高压电。请画出维修开关线路图。

7. 高压系统的高压互锁

高压互锁安全回路是个环形线路,通过低压电网来监控高压电网。请在下图中将高压互锁回路线画出来。

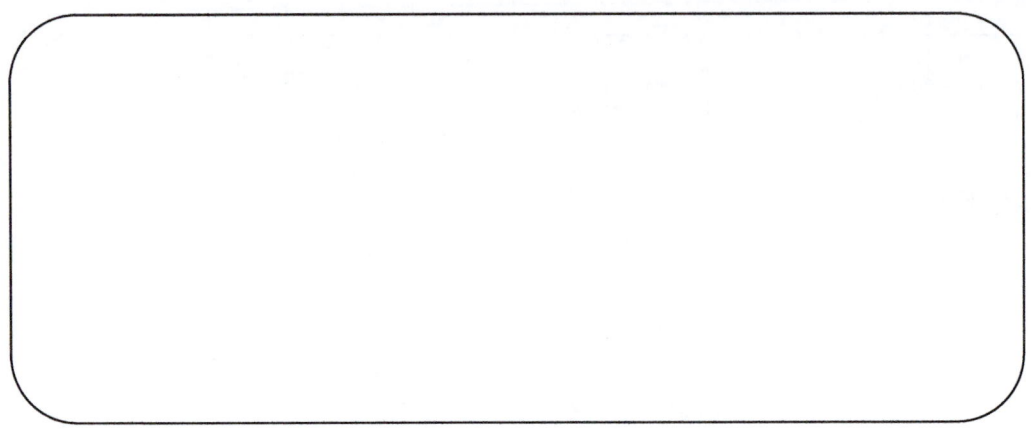

8. 电容器放电

在电机控制器或功率电子装置内安装有电容器,电容器具有放电作用。请写出为什么需要在功率电子装置内进行电容放电和放电的原理。

_____
_____
_____
_____

9. 请说明维修高压车辆人员应具有的资质

_____

_____

_____

10. 请根据下图写出检查绝缘手套的方法

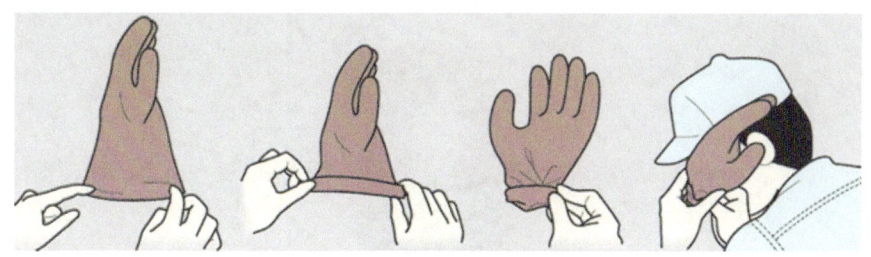

_____

_____

_____

11. 在电动汽车上，一般使用高压动力电池和一些高压电气部件。请在下图中将电气部件名称填写在方框处

12. 下图为某品牌绝缘电阻测试仪按键，请在方框处填写相应的按键说明

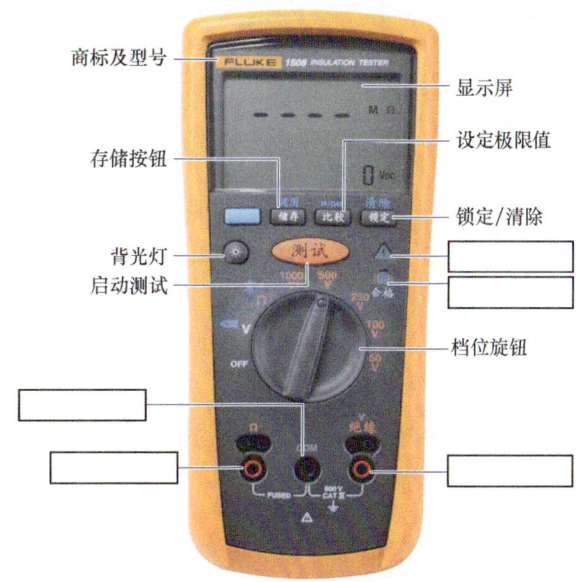

13. 请写出使用绝缘测试仪的注意事项

_____
_____
_____
_____

14. 在对电动车辆进行检查时，有时会用到钳形电流表。请在下图方框中将钳形电流表的结构名称写出

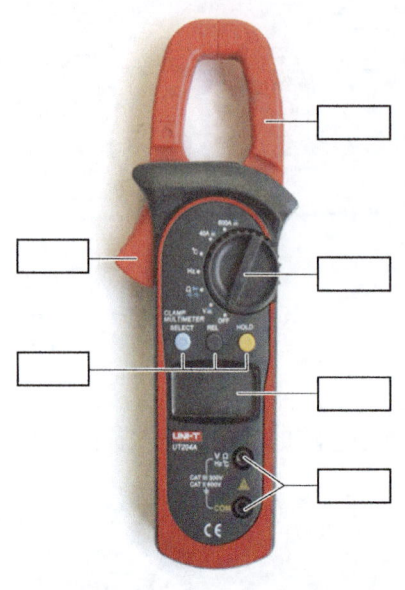

15. 请写出下列 ab 两图中哪一个是正确使用钳形电流表的方法_____

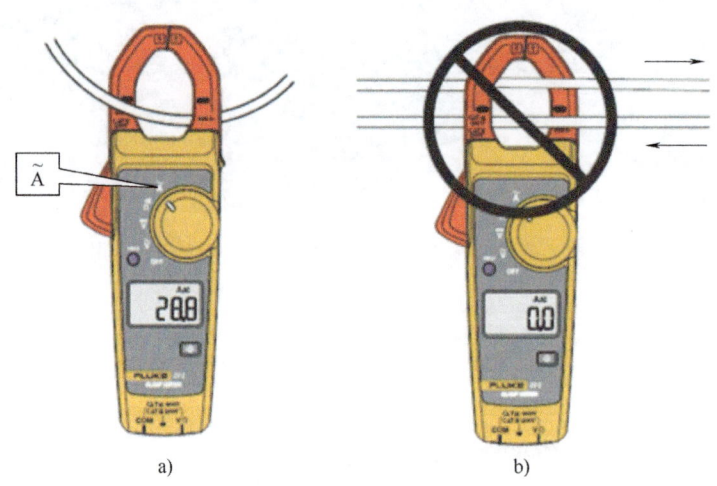

四、计划决策

温馨提示

请各小组学习、思考和讨论解决问题的具体工作计划，考虑时间、工具、物料并将流程图画在下面空白处，接下来各组派出代表陈述本组的工作方案。

工作计划流程图

> 🚗 **温馨提示**
> 各小组对其他组的工作计划进行互评,教师总评,并将评语写在侧面框内。各小组根据教师和各组的评价进行方案优化。

优化后的流程图

各小组组长确定每一位学生的学习角色,对小组任务进行分配。组员按组长的要求完成相关任务内容,并将自己所在小组及个人任务内容填入表中。

课堂任务:		
序　号	成员角色、任务分配	负　责　人

工具准备：

序　号	工具名称	工具数量
工具使用规范	请填写工具使用规范	

五、任务实施

1. 使用绝缘电阻测试仪对车辆进行绝缘检查

检查绝缘的工具通常使用绝缘电阻测试仪。绝缘电阻测试仪分为数字式和指针式两种。请使用数字式绝缘电阻测试仪对高压导线的绝缘性能进行测试。

序　号	测试项目	完成情况
1	将测试探头分别插入测试仪 V 和 COM（公共）输入端子	是□否□
2	将旋转开关旋至所需要的测试电压	是□否□
3	将探头与待测电路连接，测试仪会自动检测电路是否通电	是□否□
4	按住 TEST 测试按钮开始测试	是□否□
5	记录屏幕上所显示的电阻值_____Ω 测试结果是否合格	是□否□
6	继续将探头留在测试点上，然后释放测试按钮	是□否□

2. 高压互锁的检查

请根据下图对北汽 EV150 的高压互锁回路进行检查。

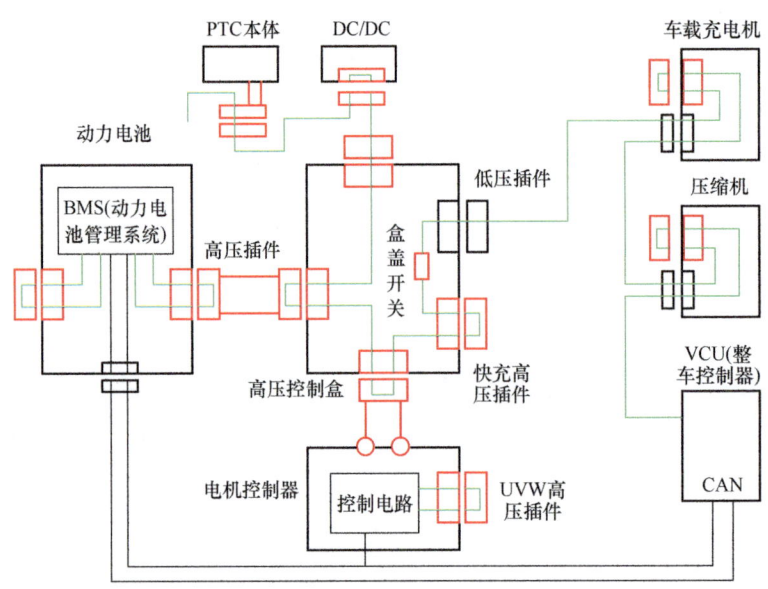

六、任务检查与评价

1. 请进行必要的最终检查和"6S"管理
2. 请根据实施过程进行总结并完善改进工作计划

总结内容和改进工作计划：

_____

_____

3. 学生填写自评表

要求每一个小组学生派代表上讲台讲述小组的学习成果和经验收获。

课堂小组经验分享记录

4. 教师填写总评表

老师评价结果记录

学习情景2

整车控制系统结构原理与检修

- 整车控制系统结构原理与检修
  - 检修整车控制器与其他子系统的连接故障
    - 整车控制系统与各系统控制逻辑介绍
    - 踩加速踏板车辆无反应故障检修
  - 更换整车控制器
    - 整车控制系统的组成
    - 整车控制器的主要功能
    - 整车控制系统故障诊断与处理
  - 检修整车供断电控制故障
    - 整车供断电过程
    - 车辆无法正常供电的诊断与排除

学习任务 1　更换整车控制器

一、任务描述

客户委托：更换整车控制器

小李新入职一家电动汽车 4S 店，经过 2 周的培训后，店里来了一辆故障车，师傅老王叫小李用专用故障诊断仪读取故障信息。小李使用故障诊断仪去测试，却发现诊断仪无法与车辆连接，小李该怎么来排除这一故障呢？

1. 小李所面对的是什么类型的车辆？

_____

2. 小李在任务中的角色是什么？

_____

3. 小李的工作任务是什么？

_____

二、任务分析

1. 请检查并记录车辆使用情况

检查项目	状态记录
周期维护灯亮起	□是 □否
行驶里程	km
上次维护时间	
检查车辆外观状态	

2. 根据任务描述中车辆的情况明确本次工作任务，并分析完成本次工作任务所需要掌握的知识点有哪些？

头脑风暴图

三、任务资讯

1. 整车控制系统组成

纯电动汽车的整车控制系统通常包含 _____ 系统、_____ 系统和 _____ 系统三部分。

整车网络化控制系统主要包括 _____、_____、_____ 电池管理系统、_____、信息显示系统和通信系统等。

2. 整车控制器的主要功能

纯电动汽车的整车控制器的主要功能包括：_____ 和驱动控制、整车能量优化管理、_____、制动能量回馈控制、_____、车辆状态监测与显示等。

3. 报警指示灯符号解释

当整车控制器在对自身及各子系统进行监测过程中发现故障问题时将会点亮仪表中相应指示灯，请根据所掌握的知识完成下表。

序号	指示灯	名称	异常闪烁	常亮	工作条件
1		12V蓄电池充电故障警告灯	—		总线信号，来自整车控制器，ON
2		系统故障灯	仪表丢失整车控制器报文	车辆发生动力系统故障	总线信号，来自整车控制器，ON
3		充电线连接指示灯	—	充电枪连接至充电口	硬线信号，来自整车控制器，ON/OFF
4		制动故障警告灯	仪表丢失ABS（制动防抱死系统）报文	制动系统故障/制动液位低/EBD（电子制动力分配）故障	硬线信号，来自整车控制器和ABS（BCM），ON
5			—	电机系统故障	总线信号，来自整车控制器，ON

（续）

序号	指示灯	名称	异常闪烁	常亮	工作条件
6			—	高压动力系统未启动	总线信号，来自整车控制器，ON
7		动力电池故障	—		总线信号，来自整车控制器，ON
8		ABS 故障	仪表失去 ABS 信号	ABS 故障	总线信号，来自 ABS（BCM），ON
9			—	驱动电机系统过热	信号为总线信号，来自整车控制器，ON

4. 电动汽车 OBD 接口定义

完成电动汽车 OBD 接口定义如下图。

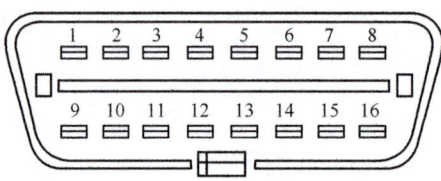

OBD 接口线束定义：

Pin1：_____

Pin9：_____

Pin6：_____

Pin14：_____

Pin16：_____

Pin5：_____

5. 简述主要数据流及其作用

_____
_____
_____

6. 简述故障冻结帧及其作用

_____
_____
_____

四、计划决策

> **温馨提示**
>
> 请各小组学习、思考和讨论解决问题的具体工作计划，考虑时间、工具、物料并将流程图画在下面空白处，接下来各组派出代表陈述本组的工作方案。

工作计划流程图

> **温馨提示**
>
> 各小组对其他组的工作计划进行互评，教师总评，并将评语写在侧面框内。各小组根据教师和各组的评价进行方案优化。

优化后的流程图

工具准备：

序　号	工具名称	工具数量

(续)

序　号	工具名称	工具数量
工具使用规范	请填写工具使用规范	

五、任务实施

1. 对仪器进行检查

请按照规范依次检查仪器，并将检查方法与检查结果填写在下表中。

检查仪器名称	检查方法	是否正常
绝缘手套	请各组同学按下图操作方法检查绝缘手套 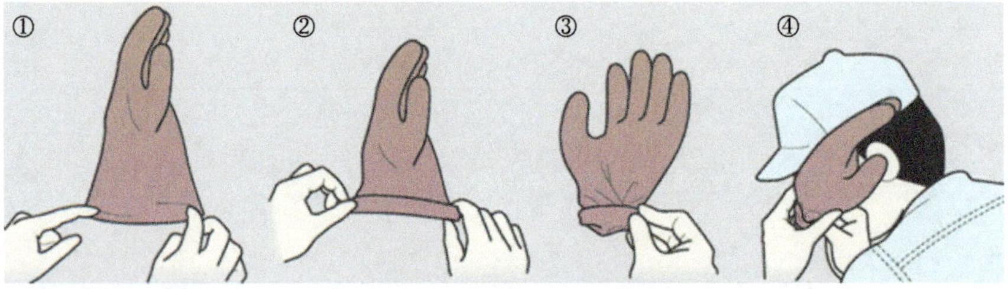 ① ② ③ ④ 检查有无裂缝、损坏	是□否□
万用表		是□否□
其他仪器		是□否□

2. 故障诊断仪无法与车辆通信的诊断与排除过程

1）诊断仪无法与车辆通信的原因主要有：

① _____

② _____

③ _____

2）检查OBD诊断接口。根据诊断接口各端子定义图使用万用表检查OBD端子Pin16与端子Pin4是否有12V供电电压，如没有则查相应熔丝和线束。

检查内容	检查工具	检查方法	检查位置	检查结果
供电电压	万用表	直流电压档测OBD的供电电压，红表笔接Pin16，黑表笔接Pin4（或搭铁）	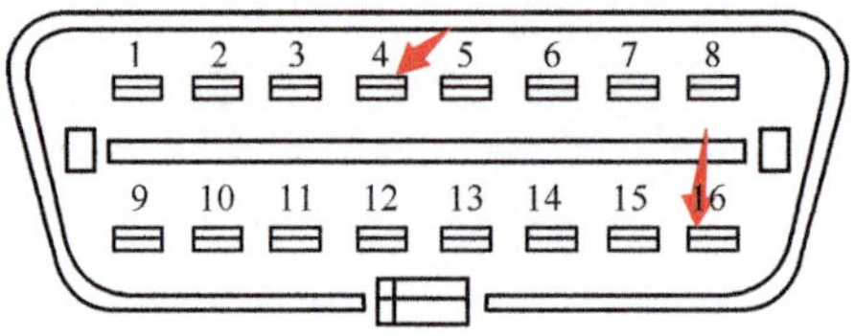	

（续）

检查内容	检查工具	检查方法	检查位置	检查结果
熔丝 FB19	万用表	电阻档测 FB19 阻值		
CAN 线	万用表	电阻档测 OBD 端子 Pin1 与端子 Pin9 的阻值		
线束及插件	万用表	查每条线是否断路，插件是否松动		

3）检查整车控制器的供电是否正常　根据整车控制器的供电线路图，检测如下表。

检查内容	检查工具	检查方法	检查位置	检查结果
整车控制器常电	万用表	直流电压档测整车控制器的 Pin1，红表笔接 Pin1，黑表笔接 Pin2（或搭铁）		

（续）

检查内容	检查工具	检查方法	检查位置	检查结果
熔丝 FB16	万用表	电阻档测 FB16 的阻值	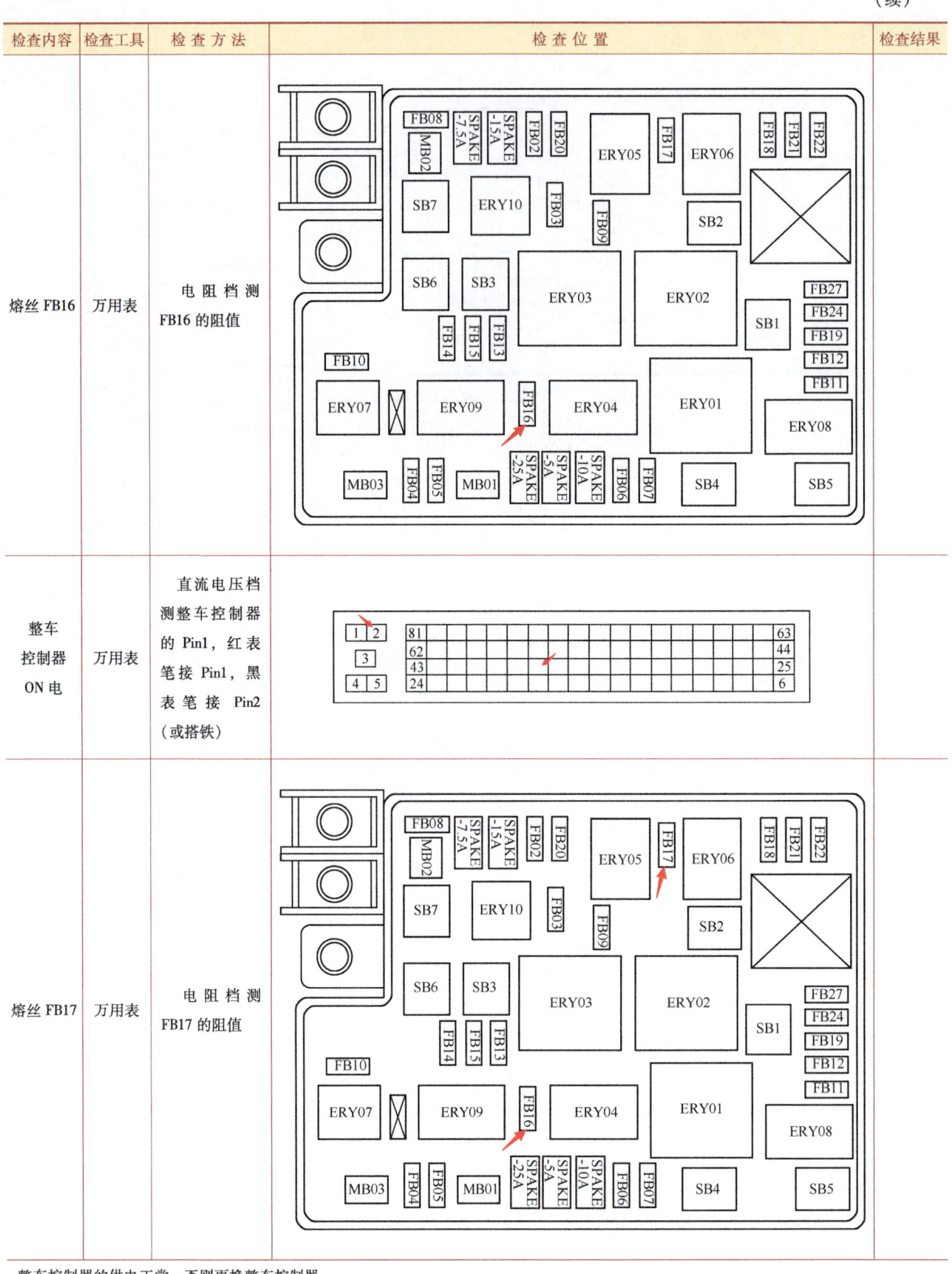	
整车控制器 ON 电	万用表	直流电压档测整车控制器的 Pin1，红表笔接 Pin1，黑表笔接 Pin2（或搭铁）		
熔丝 FB17	万用表	电阻档测 FB17 的阻值		整车控制器的供电正常，否则更换整车控制器

（续）

4)更换整车控制器。

序 号	实 施 内 容		是否完成
1	将点火开关置于 OFF 档		是□否□
2	打开发动机舱盖		是□否□
3	断开蓄电池低压负极电缆		是□否□
4	拔下整车控制器连接线束插头 A 和 B		是□否□
5	拧下固定整车控制器的四个螺钉		是□否□
6	取下整车控制器		是□否□

六、任务检查与评价

1. 请进行必要的最终检查和"6S"管理
2. 请根据实施过程进行总结并完善改进工作计划

总结内容和改进工作计划：

_____

3. 学生填写自评表

要求每一个小组学生派代表上讲台讲述小组的学习成果和经验收获。

课堂小组经验分享记录

4. 教师填写总评表

老师评价结果记录

学习任务 2　检修整车控制器与其他子系统的连接故障

一、任务描述

客户委托：排除"车辆加速无反应"故障

车主小王的北汽 EV200 已使用 8 个月，车辆在行驶中仪表报整车故障，车辆加速无反应，故联系北汽新能源售后报修。现在这样的问题需要你来为小王解决，你该怎么办呢？

1. 你所面对的是什么类型的车辆？

_____

2. 你在任务中的角色是什么？

_____

3. 你的工作任务是什么？

_____

二、任务分析

1. 请检查并记录车辆使用情况

检 查 项 目	状 态 记 录
周期维护灯亮起	□是 □否
行驶里程	km
上次维护时间	
检查车辆外观状态	

2. 根据任务描述中车辆的情况明确本次工作任务，并分析完成本次工作任务所需要掌握的知识点有哪些？

头脑风暴图

三、任务资讯

1. 整车控制器与档位传感器的连接

将整车控制器与档位传感器之间的线路关系图画在下面方框中,并将档位传感器信号电压参考值表补充完整。

档位	信号参考电压/V			
	信号1	信号2	信号3	信号4
R		4.5	4.5	
N	0.3		0.3	
D	4.5	0.3		0.3

2. 整车控制器与加速踏板位置传感器的连接

将整车控制器与加速踏板位置传感器之间的线路关系图画在下面方框中,并说明两传感器的信号电压变化情况和两信号的大小关系。

整车控制器根据加速踏板位置传感器来获得_____，从而改变电机转矩，控制电机转速，进而改变车速。加速踏板位置传感器提供两组信号，让整车控制器进行对比。

检测加速踏板位置传感器1信号：节气门开度从0～100%变化，用万用表直流电压档测量插件4号端子与搭铁之间应有_____的电压；否则检查传感器电源和搭铁线，如果传感器输入电源和搭铁线正常则为传感器内部故障。

检测加速踏板位置传感器2信号：节气门开度从0～100%变化，用万用表直流电压档测量插件6号端子与搭铁之间应有_____的电压；否则检查传感器电源和搭铁线，如果传感器输入电源和搭铁线正常则为传感器内部故障。

3. 整车控制器与车载充电机的连接

将整车控制器与车载充电机之间的线路关系图画在下面方框中，并说明CC和CP信号的作用。

CC信号的作用：_____

CP信号的作用：_____

4. 整车控制器与DC/DC的连接

将整车控制器与DC/DC之间的线路关系图画在下面的方框中，说明使能信号的意义。

使能信号的意义：_____

_____

_____

_____

5. 整车控制器与电机控制器的连接

将整车控制器与电机控制器之间的线路关系图画在下面的方框中。

6. 整车控制器与动力 BMS 的连接

将整车控制器与动力 BMS 之间的线路关系图画在下面的方框中。

7. 整车控制器与高压控制盒的连接

将整车控制器与高压控制盒之间的线路关系图画在下面的方框中，完成快充继电器和空调继电器闭合的条件。

车辆在进行快充时高压控制盒内两个快充继电器闭合；在按下空调开关 A/C 时，空调继电器将_____。

8. 整车控制器与空调压缩机控制器的连接

将整车控制器与空调压缩机控制器之间的线路关系图画在下面的方框中，并填空。

整车控制器接到_____请求信号并确认空调系统压力信号、_____、冷暖选择信号、鼓风机信号，是否满足起动压缩机的要求。

当满足以上条件时，整车控制器发出起动压缩机的指令，通过_____传递给空调压缩机控制器；空调压缩机控制器根据整车控制器的指令来控制空调压缩机的_____，从而控制压缩机的工作和转速。

四、计划决策

> **温馨提示**
>
> 请各小组学习、思考和讨论解决问题的具体工作计划，考虑时间、工具、物料并将流程图画在下面空白处，接下来各组派出代表陈述本组的工作方案。

工作计划流程图

> **温馨提示**
> 各小组对其他组的工作计划进行互评,教师总评,并将评语写在侧面框内。各小组根据教师和各组的评价进行方案优化。

优化后的流程图

工具准备:

序　号	工具名称	工具数量
工具使用规范	请填写工具使用规范	

五、任务实施

1. 对仪器进行检查

请按照规范依次检查仪器，并将检查方法与检查结果填写在下表中。

检查仪器名称	检 查 方 法	是否正常
绝缘手套	请各组同学按下图操作方法进行绝缘手套的检查 ① ② ③ ④ 检查有无裂缝、损坏	是□否□
万用表		是□否□
其他仪器		是□否□

2. 操作过程

1）首先使用诊断仪读取数据流指令，选取加速踏板信号1和加速踏板信号2，点击确定，读取二者数据流。

2）检查加速踏板线束端子1和2的正确电压应该是_____，线束端子3和5的正确电压应该是_____，端口外形如下图所示。

测量结果：_____。

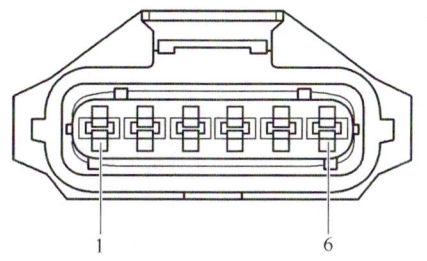

3）当先不踩加速踏板时，查验加速踏板线束端子4和6的电压，正确应该是两路电压都是接近_____。

测量结果：_____。

4）检修人员踩加速踏板一定开度，查验加速踏板线束端子4和6的电压，正确的端子Pin4的电压是端子Pin6电压的两倍。

测量结果：_____。

5）检查与加速踏板连接线束有无短路、断路，退针现象，如有线束问题请更换线束。

检查方法如下：

① 加速踏板位置信号1搭铁。

测量方法：用万用表通断档测量相应端子之间的线束是否断路。

测量结果：_____。

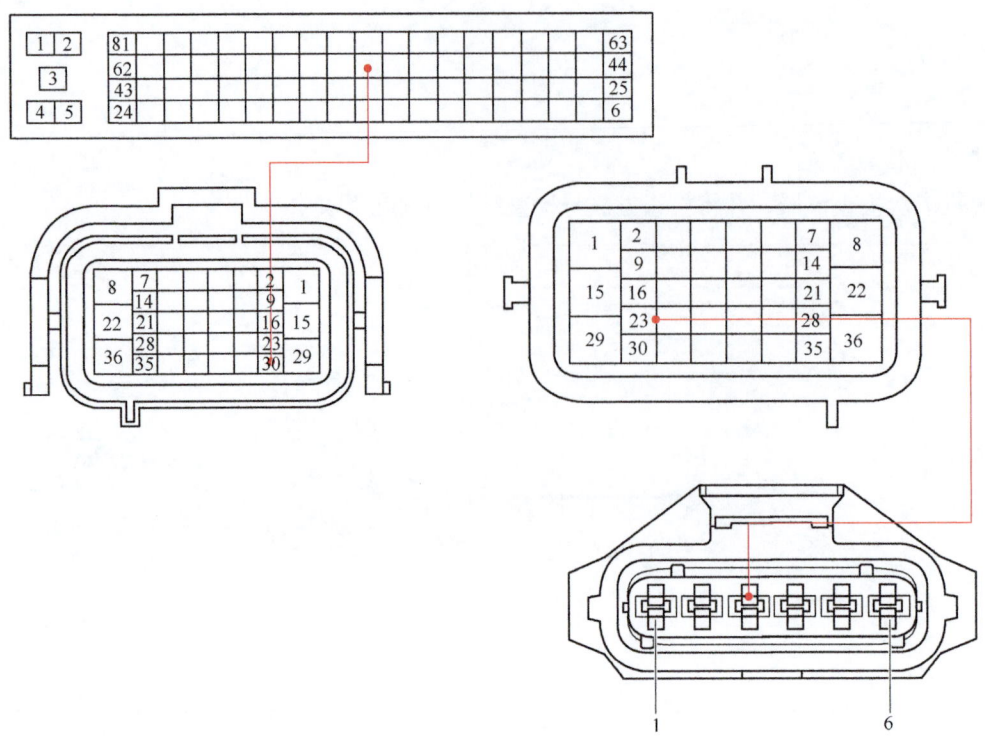

② 根据下图测量加速踏板位置信号1输出,逐一测量是否导通,如果不导通,确定问题后更换线束。

测量方法:用万用表通断档测量相应端子之间的线束是否断路。

测量结果:_____。

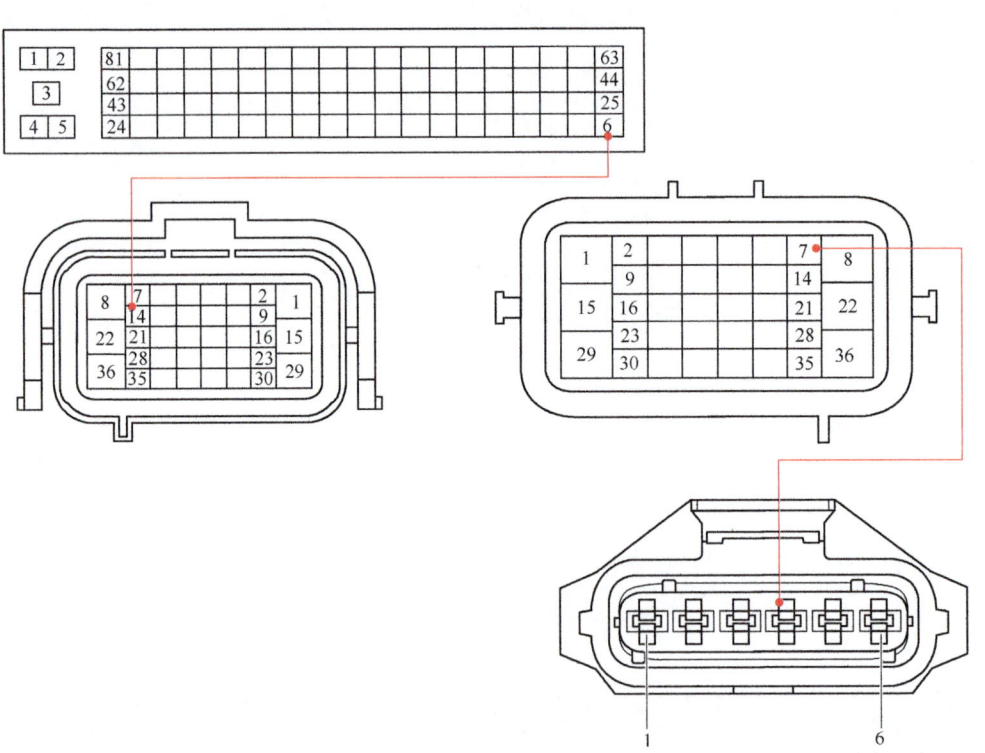

③ 加速踏板位置信号1电源信号,逐一测量是否导通,如果不导通,确定问题后更换线束。

测量方法:用万用表通断档测量相应端子之间的线束是否断路,如下图。

测量结果:_____。

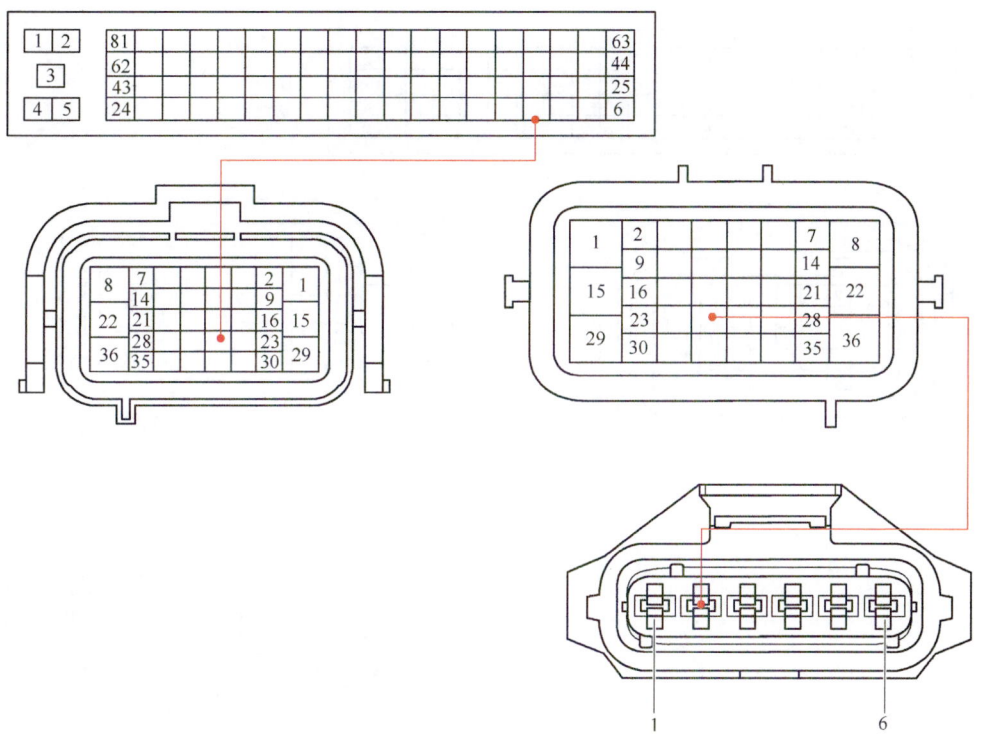

④ 加速踏板位置信号2搭铁。

测量方法：用万用表通断档测量相应端子之间的线束是否断路，如下图。

测量结果：_____。

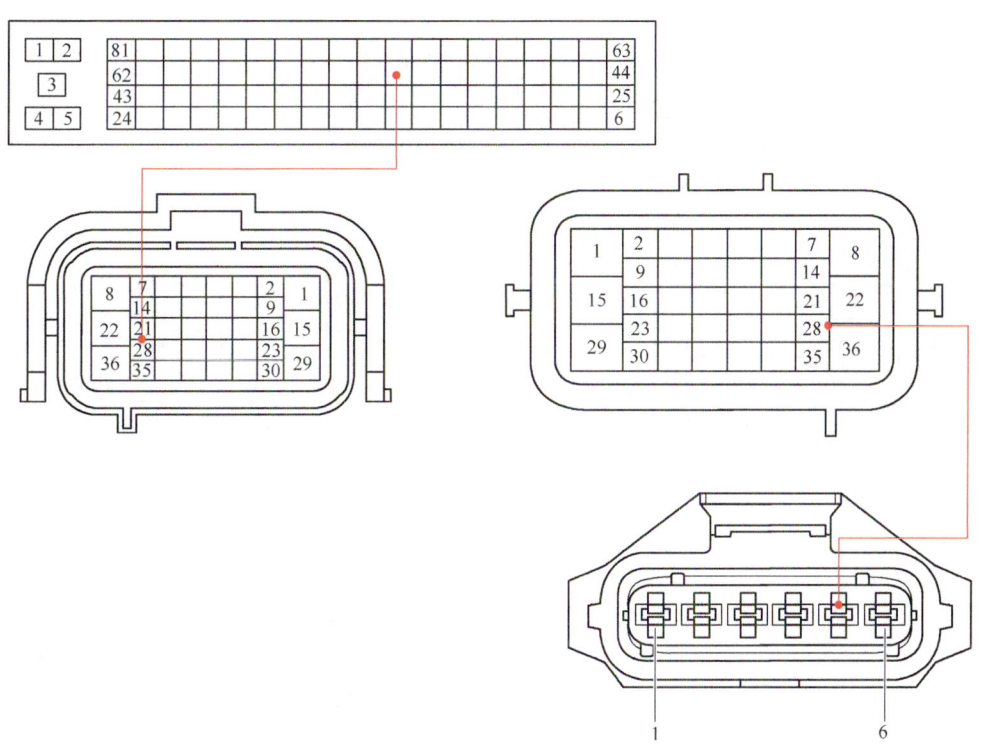

⑤ 加速踏板位置信号2输出，逐一测量是否导通，如果不导通，确定问题后更换线束。

测量方法：用万用表通断档测量相应端子之间的线束是否断路，如下图。

测量结果：_____。

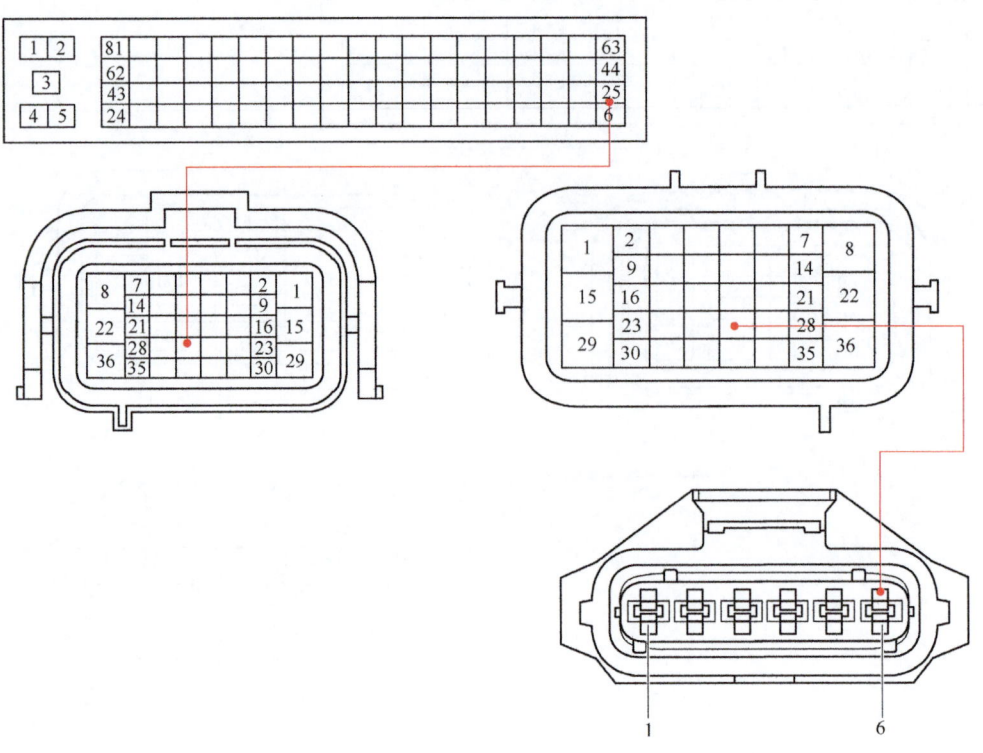

6）加速踏板位置信号 2 电源信号，逐一测量是否导通，如果不导通，确定问题后更换线束。

测量方法：用万用表通断档测量相应端子之间的线束是否断路，如下图。

测量结果：_____。

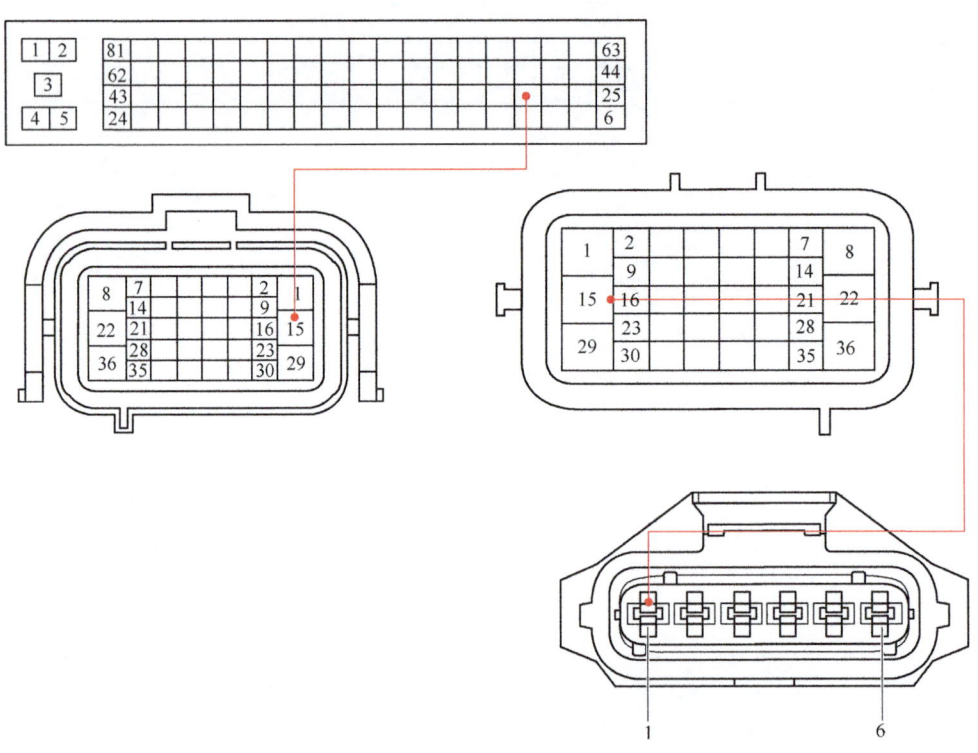

7）以上线束确定没问题后，请更换加速踏板位置传感器。简述更换方法并操作。

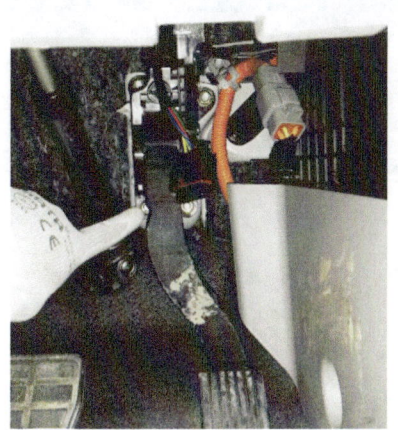

六、任务检查与评价

1. 请进行必要的最终检查和"6S"管理
2. 请根据实施过程进行总结并完善改进工作计划

总结内容和改进工作计划：

3. 学生填写自评表

要求每一个小组学生派代表上讲台讲述小组的学习成果和经验收获。

课堂小组经验分享记录

4. 教师填写总评表

老师评价结果记录

学习任务 3　检修整车供断电控制故障

一、任务描述

客户委托：检修车辆无法正常供电故障

车主小郑的北汽 EV200 已使用 6 个月，车辆在起动时仪表显示动力电池断开故障，整车故障灯点亮，同时仪表报通信故障，隔一会儿再起动时仍报同样的故障，故联系北汽新能源售后报修。面对这样的任务你该怎么办呢？

1. 你所面对的是什么类型的车辆？

_____

2. 你在任务中的角色是什么？

_____

3. 你的工作任务是什么？

_____

二、任务分析

1. 请检查并记录车辆使用情况

检 查 项 目	状 态 记 录
周期维护灯亮起	□是 □否
行驶里程	km
上次维护时间	
检查车辆外观状态	

2. 根据任务描述中车辆的情况明确本次工作任务，并分析完成本次工作任务所需掌握的知识点有哪些？

三、任务资讯

1. 整车供断电过程

1）整车供断电包括＿＿＿＿＿＿＿＿＿＿、＿＿＿＿＿＿＿＿＿＿，＿＿＿＿＿＿＿＿＿＿。

2）电动汽车唤醒整车控制器的方式通常有四种：＿＿＿＿＿＿＿＿＿＿、＿＿＿＿＿＿＿＿＿＿、＿＿＿＿＿＿＿＿＿＿和＿＿＿＿＿＿＿＿＿＿。

3）整车主要低压控制器的供电途径有以下三种：

① 由＿＿＿＿＿＿＿＿＿＿直接供电，主要有整车控制器 VCU、组合仪表 ICM、数据采集终端 RMS、DC/DC 和动力电池管理系统 BMS（由红色线所连接）。

② 由 ON 档（IG1）继电器供电，当点火开关转到 ON 档后，ON 档继电器线圈被接通，从而将 12V 蓄电池电压送到＿＿＿＿＿＿＿＿＿＿和电动助力 EPS 控制器，给其供电（由黄色线所连接）。

③ 由整车控制器控制低压继电器供电，当整车控制器由蓄电池直接供电电压后，内部部分电路工作，从而控制＿＿＿＿＿＿＿＿＿＿、＿＿＿＿＿＿＿＿＿＿和倒车灯继电器接通供电（由绿色线所连接）的控制器。

4）非充电模式下控制器唤醒主要有＿＿＿＿＿＿＿＿＿＿和＿＿＿＿＿＿＿＿＿＿。

① 由 ON 档（IG1）继电器唤醒的控制器有：＿＿＿＿＿＿＿＿＿＿、组合仪表和＿＿＿＿＿＿＿＿＿＿。

② 由整车控制器唤醒，当整车控制器被唤醒后将送出唤醒信号电压给＿＿＿＿＿＿＿＿＿＿和＿＿＿＿＿＿＿＿＿＿。

5）慢充模式下控制器唤醒主要有＿＿＿＿＿＿＿＿＿＿和＿＿＿＿＿＿＿＿＿＿。

① 慢充（CHG12V）唤醒信号是当充电桩与车载充电机建立充电关系后，车载充电机控制内部继电器接通后送出，分别送给＿＿＿＿＿＿＿＿＿＿和数据采集终端（由蓝色线所连接）。

② 由整车控制器唤醒，当＿＿＿＿＿＿＿＿被唤醒后将送出唤醒信号电压给＿＿＿＿＿＿＿＿和＿＿＿＿＿＿＿＿。

6）快充电模式下控制器唤醒主要有快充唤醒（直流充电桩直接输出）和整车控制器唤醒。

① ＿＿＿＿＿＿＿＿＿＿信号是当快充桩与车辆建立充电关系后，快充桩送出快充唤醒信号给整车控制器和数据采集终端（由青色线所连接）。

② 由＿＿＿＿＿＿＿＿＿＿唤醒，当＿＿＿＿＿＿＿＿被唤醒后将送出＿＿＿＿＿＿＿＿＿＿电压给动力电池管理系统和 DC/DC（由绿色线所连接）。

7）远程模式下控制器唤醒主要有＿＿＿＿＿＿＿＿＿＿、＿＿＿＿＿＿＿＿＿＿和＿＿＿＿＿＿＿＿＿＿。

① 远程 APP 唤醒信号送给_____。
② 数据采集终端被唤醒后将送出唤醒信号唤醒_____。
③ _____送出信号唤醒组合仪表 ICM、DC/DC、动力电池管理系统 BMS（信号线绿色线）。

2. 高压供电原理

1）电动汽车的高压部件主要有_____、高压控制盒、_____、车载充电机、_____、PTC、DC/DC 等，这些高压部件中_____是供电部件，其他是用电部件，由_____为其提供工作电压。

2）简要说明动力电池内部的控制系统中所包含的高压检测点。
_____
_____
_____
_____

3）简要说明预充电电路模块的作用。
_____
_____
_____
_____

4）简要说明高压接触器的控制顺序。
_____
_____
_____
_____

3. 简述整车供断电流程
_____
_____
_____
_____
_____
_____
_____
_____

四、计划决策

温馨提示

请各小组学习、思考和讨论解决问题的具体工作计划，考虑时间、工具、物料并将流程图画在下面空白处，接下来各组派出代表陈述本组的工作方案。

工作计划流程图（可用图表或思维导图）

> **温馨提示**
>
> 各小组对其他组的工作计划进行互评，教师总评，并将评语写在侧面框内。各小组根据教师和各组的评价进行方案优化。

优化后的流程图

工具准备：

序　号	工 具 名 称	工 具 数 量
工具使用规范	请填写工具使用规范	

五、任务实施

1. 对仪器进行检查

请按照规范依次检查仪器，并将检查方法与检查结果填写在下表中。

检查仪器名称	检查方法	是否正常
绝缘手套	请各组同学按下图操作方法检查绝缘手套 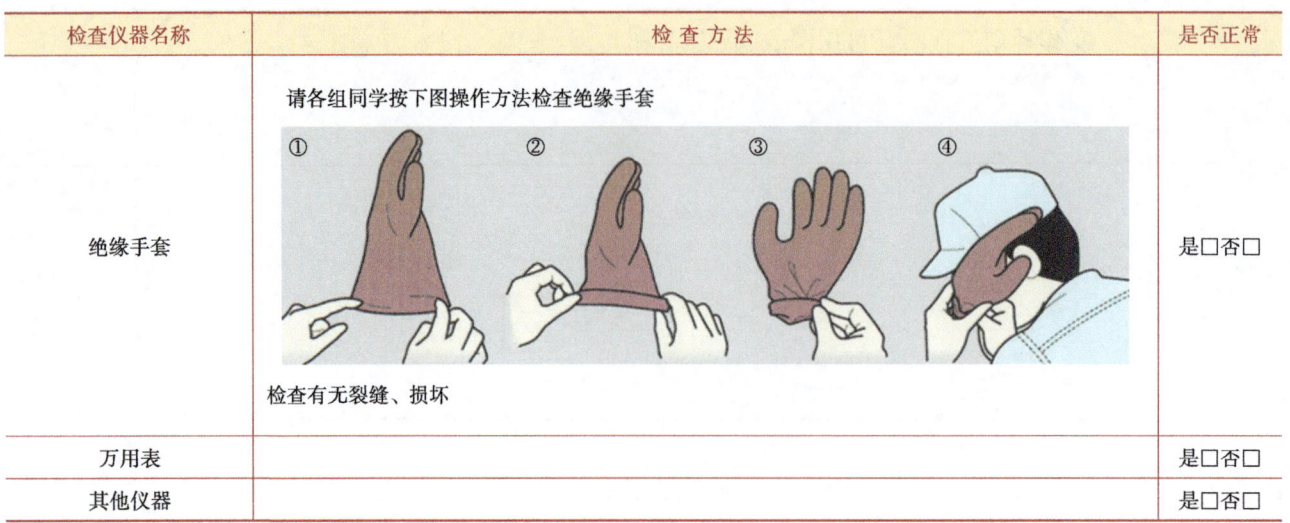 检查有无裂缝、损坏	是□否□
万用表		是□否□
其他仪器		是□否□

2. 操作过程

1）首先判断整车控制器是否在正常工作，方法是：_____
_____，具体如下：

① 通过读图知整车控制器的供电和唤醒电压分别通过熔丝_____、_____送入，首先打开低压熔丝盒检查整车控制器电源熔丝是否熔断，位置如下图。

测量结果：_____。

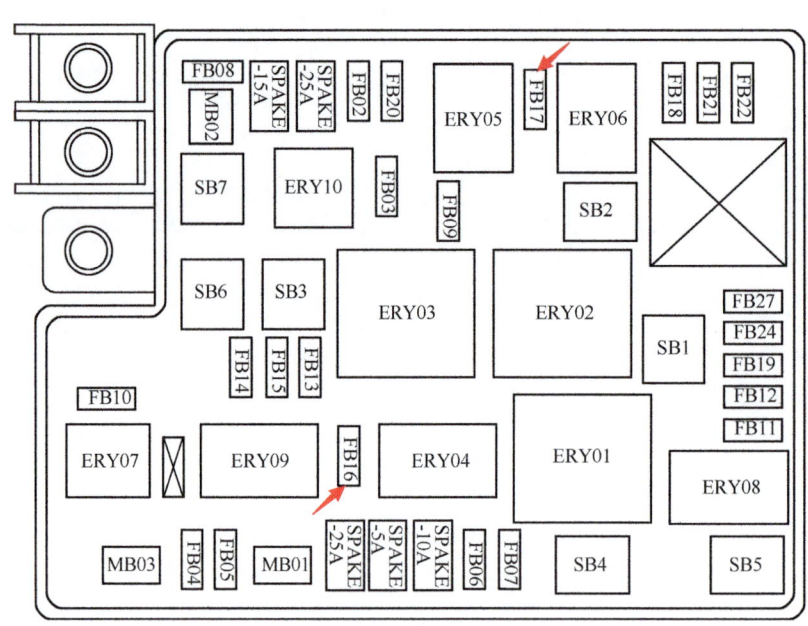

② 如熔丝 FB16 未熔断请用万用表测量整车控制器供电电源线是否有_____电源。

测量方法：首先_____整车处于供电状态，再将万用表旋钮旋至_____，表笔分别与整车控制器线束的_____脚和_____脚充分连接，检测是否有_____电源，如果没有_____电源则确定线束断路，如果12V电源正常则检查下一步。

测量结果：_____。

1	2		81								63
	3		62								44
			43								25
4	5		24								6

③ 如熔丝 FB17 未熔断请用万用表测量整车控制器＿＿＿＿＿＿＿＿＿＿是否有 12V 电源。

测量方法：首先打开电源整车处于供电状态，再将万用表旋钮旋至电压档，表笔分别与整车控制器线束的＿＿＿＿＿脚和＿＿＿＿＿脚充分连接，检测是否有 12V 电源，如果 12V 电源正常则检查下一步，如果没有 12V 电源则需根据电路图进一步检查。

测量结果：＿＿＿＿＿＿＿＿＿＿＿。

1	2		81								63
	3		62								44
			43								25
4	5		24								6

2）检查整车控制器有电源后，再查 CAN 线是否正常。

① 检查 CAN 线阻值是否正常：当断开低压蓄电池＿＿＿＿＿＿后，测量的 CAN 线正常阻值应为＿＿＿＿＿＿ Ω 左右。

测量方法：拔下电机控制器 35 针插件，找到新能源 CAN 线针脚＿＿＿＿＿＿＿＿＿＿，用万用表表笔分别与＿＿＿＿＿＿充分连接查看万用表显示阻值，如下图。

测量结果：＿＿＿＿＿＿＿＿＿＿＿。

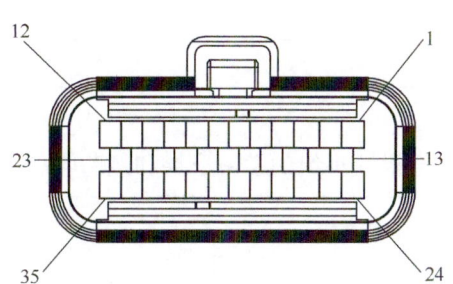

如果阻值不正确，请将所有有新能源 CAN 的用电器件逐一断开，有新能源 CAN 的用电器件有：＿＿，当断开某个用电器件后，阻值为正常阻值时，则判定为此用电器件＿＿＿＿＿＿＿＿＿＿＿＿（注：单一断开整车控制器或动力电池后阻值为＿＿＿＿＿＿＿＿＿ Ω 左右）。具体过程如下：

断开空调压缩机，测量结果＿＿＿＿＿＿＿＿＿＿＿。

断开车载充电机，测量结果＿＿＿＿＿＿＿＿＿＿＿。

断开数据采集终端，测量结果＿＿＿＿＿＿＿＿＿＿＿。

断开电机控制器，测量结果＿＿＿＿＿＿＿＿＿＿＿。

断开高压控制盒，测量结果＿＿＿＿＿＿＿＿＿＿＿。

断开动力电池，测量结果＿＿＿＿＿＿＿＿＿＿＿。

② 查 CAN 线是否＿＿＿＿＿＿＿＿＿＿＿：当所有用电器件都完好的情况下则用万用表测量 CAN 线的两根线是否＿＿＿＿＿＿＿＿＿。

测量方法：将万用表旋钮旋至＿＿＿＿＿＿，将表笔与 CAN 线的两根线充分连接，测量是否导通，如电机控制器与动力电池之间，如下图。

如果导通则判定为线束＿＿＿＿＿＿＿＿＿＿＿，则需要更换线束。如果不导通再测量单根线是否

_____，如果_____则需要更换线束。

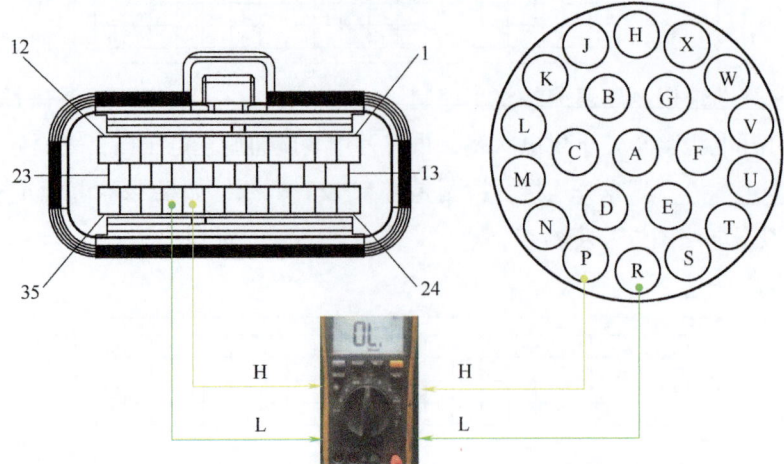

六、任务检查与评价

1. 请进行必要的最终检查和"6S"管理
2. 请根据实施过程进行总结并完善改进工作计划

总结内容和改进工作计划：

_____

_____

3. 学生填写自评表

要求每一个小组学生派代表上讲台讲述小组的学习成果和经验收获。

课堂小组经验分享记录

4. 教师填写总评表

老师评价结果记录

学习情景3

动力电池系统结构原理与检修

- 拆装动力电池
  - 动力电池的作用
  - 动力电池的类型和特点
  - 锂离子电池的工作原理及过充过放情况
  - 拆装动力电池
- 动力电池系统结构原理与检修
  - 更换动力电池内部组件
    - 动力电池系统组成部件和功能
      - 磷酸铁锂动力电池
      - 三元锂动力电池
    - 更换动力电池内部组件
  - 拓展：特斯拉动力电池介绍
  - 检修动力电池故障
    - 动力电池系统工作原理
    - BMS结构及原理
    - 动力电池系统故障显示
    - 动力电池系统常见故障及说明
    - 典型故障案例

学习任务 1　拆装动力电池

一、任务描述

客户委托：拆装动力电池

4S 店技术主管在经过各项检测之后，判断张先生的 EV200 汽车是动力电池故障，确定需要对动力电池进行解体，此时需要你作为维修人员协助技术主管按照规范程序，从车上拆卸动力电池，技术主管完成维修后，需要你对动力电池进行安装，并确认其工作状态正常。

1. 你所面对的是什么类型的车辆？

2. 你在任务中的角色是什么？

3. 你的工作任务是什么？

二、任务分析

1. 请检查并记录车辆使用情况

检查项目	状态记录
周期维护灯亮起	□是 □否
行驶里程	km
上次维护时间	
检查车辆外观状态	

2. 根据任务描述中车辆的情况明确本次工作任务，并分析完成本次工作任务所需要掌握的知识点有哪些？

三、任务资讯

1. 动力电池的作用

2. 蓄电池的组成

蓄电池是一种化学电池，其基本组成为_____、_____和电解质。

3. 动力电池的类型

目前常用的动力电池有_____、_____、_____、_____类型。

4. 请对相关联的名词解释进行连线，并完成填空

比能量	只能进行一次放电的电池，不能进行充电而再利用
SOC（state of charge）	可重复进行充电、放电使用的电池
一次电池	电池单位质量所能输出的电能
比功率密度	电池瞬间能放出能量的能力
二次电池	整车的剩余电量
能量效率	蓄电池放出电量和_____的百分比
循环寿命	整车的剩余电量
容量	电芯可储存电量的多少

锂离子电池指液态有机电解质，按照正极材料和外形不同，分为以下几种，请进行填空：

正极材料	

外形	

特斯拉Roadster
使用的动力电池类型：

EV200
使用的动力电池类型：

EV150、160
使用的动力电池类型：

5. 锂离子电池的工作原理

1）锂离子电池是一种充电电池，它主要依靠锂离子在_____和_____之间移动，来实现电能与化学能之间的直接转换。单体电芯一般由_____、_____、_____、_____及外壳等构成。

2）请结合下面的图片对锂离子电池的充电和放电时的工作原理进行描述。

正极是_____氧化物；负极一般是_____构成的晶格；

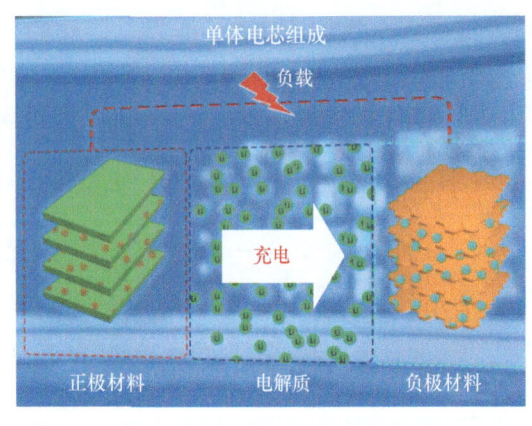

充电过程

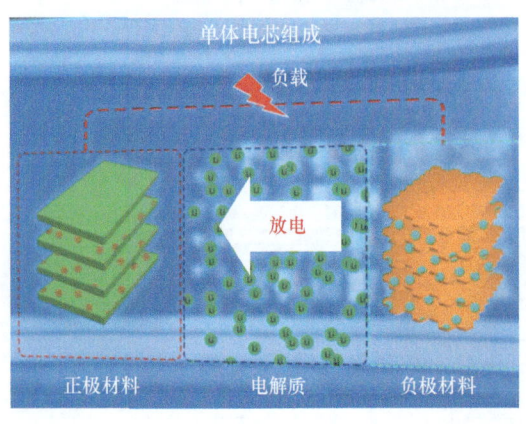

放电过程

3）请解释锂离子电池为什么不能过充过放？

四、计划决策

> **温馨提示**
>
> 请各小组学习、思考和讨论解决问题的具体工作计划，考虑时间、工具、物料并将流程图画在下面空白处，接下来各组派出代表陈述本组的工作方案。

工作计划流程图

> **温馨提示**
>
> 各小组对其他组的工作计划进行互评，教师总评，并将评语写在侧面框内。各小组根据教师和各组的评价进行方案优化。

优化后的流程图

工具准备：

序　号	工具名称	工具数量
工具使用规范	请填写工具使用规范	

五、任务实施

1. 对仪器进行检查

请按照规范依次检查仪器，并将检查方法与检查结果填写在下表中。

检查仪器名称	检查方法	是否正常
绝缘手套	请各组同学按下图操作方法检查绝缘手套 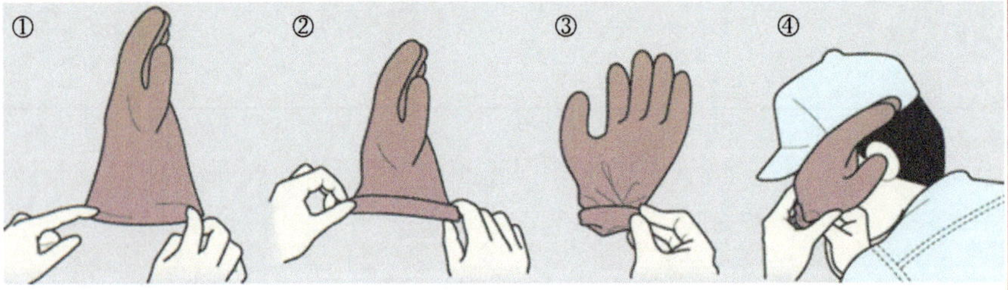 ① ② ③ ④ 检查有无裂缝、损坏	是□否□
举升机		是□否□
动力电池举升车		是□否□

2. 操作过程

序　号	实施步骤	是否完成
一、	拆卸动力电池	
1	将车辆行驶至举升机举升位置	是□否□
2	关闭点火开关，拔下钥匙，将钥匙放在指定位置，放置工作牌	是□否□
3	拆下低压蓄电池负极，断开整车低压控制电源	是□否□
4	当车辆举升到需要的高度时，举升机要锁止安全锁	是□否□
5	佩戴绝缘手套，拆下动力电池总正、总负和低压线束插头	是□否□
6	使用放电工装进行放电	是□否□
7	动力电池举升车上升接触到动力电池包底部再进行拆卸工作	是□否□
8	使用工具拆下动力电池 10 只安装螺栓 注意事项：＿＿＿＿＿＿＿和＿＿＿＿＿＿＿	是□否□

(续)

序 号	实 施 步 骤	是 否 完 成
二、	安装动力电池	
1	安装前对动力电池的检查 1）电源线、插头、延长线和保护器是否破裂或损坏 2）是否有过热、冒烟和冒火花的迹象 3）是否有动力电池系统损坏（如破裂）、动力电池漏电 4）动力电池系统、电源线是否出现进水现象 5）高低压接插件是否与说明书不一致或不能正常对接 6）是否有异常情况	是□否□ 是□否□ 是□否□ 是□否□ 是□否□ 是□否□
2	拧紧螺栓至标准力矩：_____ N·m	是□否□
3	安装动力电池（与拆卸动力电池步骤相反）	是□否□
4	安装完毕后，观察动力电池箱体螺栓是否还有松动，动力电池箱体是否有破损严重变形	是□否□
5	将钥匙打开至"READY"，查看仪表盘有无异常报警	是□否□
6	使用解码仪进入整车查看有无故障码	是□否□
7	6S 管理 1）清理及整理工具、量具 2）清理及复原车辆正常状况 3）清洗场地 4）物品回收和环保 5）完善和检查工单	是□否□ 是□否□ 是□否□ 是□否□ 是□否□

六、任务检查与评价

1. 请进行必要的最终检查和"6S"管理
2. 请根据实施过程进行总结并完善改进工作计划

总结内容和改进工作计划：

_____

_____

3. 学生填写自评表

要求每一个小组学生派代表上讲台讲述小组的学习成果和经验收获。

课堂小组经验分享记录

（续）

4. 教师填写总评表

老师评价结果记录

学习任务 2　更换动力电池内部组件

一、任务描述

客户委托：更换动力电池内部组件

4S 店技术主管在经过各项检测之后，判断张先生的 EV200 汽车是动力电池故障，确定需要对动力电池进行解体，此时需要你作为维修人员协助技术主管按照规范程序，对已拆卸的动力电池进行解体。若技术主管进行诊断确定零部件需要更换时，维修人员需拆卸并领取对应型号的配件，完成装配，并对动力电池进行调试、检查，确认其工作状态正常，完成更换后填写维修工单交付检验。工作过程中，需遵循现场工作管理规范。

教师协助学生分析工作任务，运用问题引导方法：

1. 你所面对的是什么类型的车辆？

_____

2. 你在任务中的角色是什么？

_____

3. 你的工作任务是什么？

_____

二、任务分析

根据任务描述中车辆的情况明确本次工作任务，并分析完成本次工作任务所需要掌握的知识点有哪些？

三、任务资讯

1. 动力电池系统组成部件和功能

动力电池系统主要由动力电池箱、＿＿＿＿＿＿、＿＿＿＿＿＿、BMS 和＿＿＿＿＿＿四部分组成。

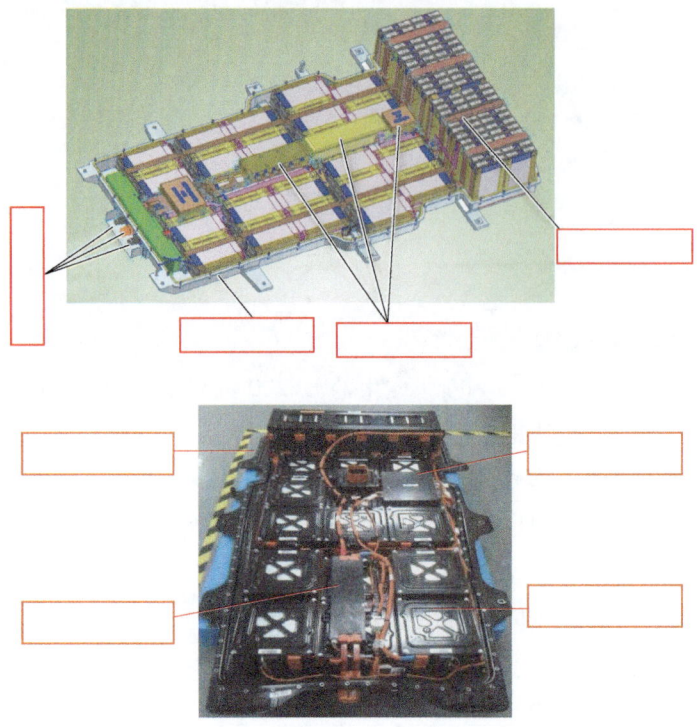

2. 磷酸铁锂动力电池

1）北汽 EV150 的普莱德动力电池为＿＿＿＿＿＿＿＿＿＿动力电池，其箱体材料为＿＿＿＿＿＿＿和＿＿＿＿＿＿。SK 动力电池为＿＿＿＿＿＿＿锂电池，其箱体材料为＿＿＿＿＿＿＿＿＿＿。其防护等级均为＿＿＿＿＿＿。

2）请在下图中填写动力电池上标签对应的含义。

3）请对以下有关联的图框进行连线。

构成动力电池模块的最小单元

一组并联的电池单体的组合

单体电芯

电池模块

电池模组

电池单体

由数百只甚至数千只单体电芯通过串联或并联组合而成的

4）特斯拉 Roadster 纯电动汽车的动力电池组由 6831 节＿＿＿＿＿型锂离子电池组成，其中每 69 节并联为一组，再将 9 组串联为一层，最后串联堆叠 11 层构成。北汽 EV150 所用的普莱德电池是由 100 个单体电池＿＿＿＿＿形成，其表示形式为：＿＿＿＿＿。北汽 EV200 所用的 SK 电池其连接方式为 3P91S，具体含义为：＿＿。

5）普莱德动力电池的辅助元器件主要由主继电器、预充继电器与＿＿＿＿＿、加热继电器与加热熔丝、＿＿＿＿＿传感器、熔丝、高低压线缆、高低压插接件等组成。

请结合图片将部件的名称写在相应的方框处。

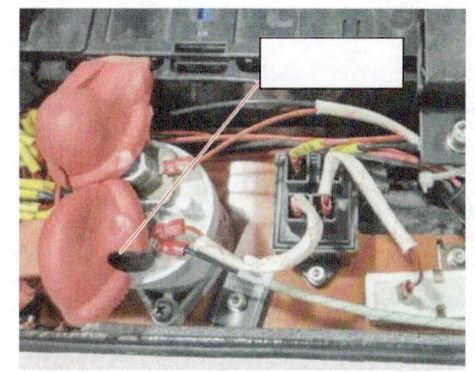
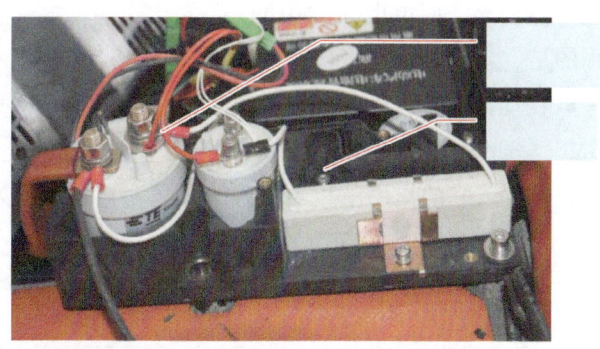

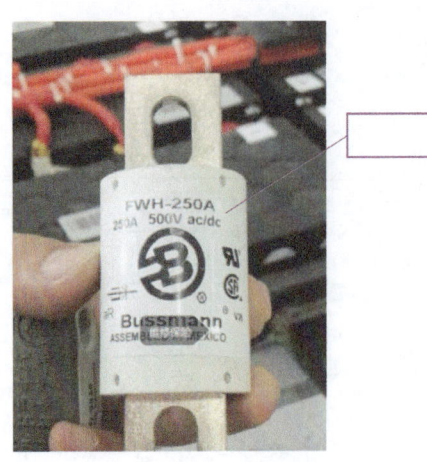

6）主继电器主要包含主_____继电器和主_____继电器，在普莱德电池中，主正继电器由_____控制，主负继电器由_____控制。SK 动力电池的正极继电器由_____控制，负极继电器由_____控制。

7）磷酸铁锂单体电芯额定电压一般为_____V 左右，三元锂电池的单体电芯额定电压为_____V 左右。

8）在普莱德电池中，预充继电器与电阻，它是由_____控制其闭合或断开，在_____初期需要闭合预充继电器进行预充电。

9）加热继电器和加热保险在_____过程中当电芯温度低于设定值时会工作。

10）用来监测充、放电电流大小的是_____。普莱德电池中采用的是_____，SK 电池中采用的是_____。

11）串联在动力电池组中间的保险，目的是防止_____，它的规格为_____。

12）BMS（Battery Management System）是_____的缩写，是动力电池保护和管理的核心部件，它的作用就相当于人的大脑。它的作用为：
_____
_____
_____

13）在普莱德电池中，动力电池管理系统由_____、_____和主控盒组成。而 SK 电池中对三者进行了_____。

14）请写出下列图片的部件名称和作用。

15）请对下图中的空白框进行文字标注，并通过自己的理解说明此图。

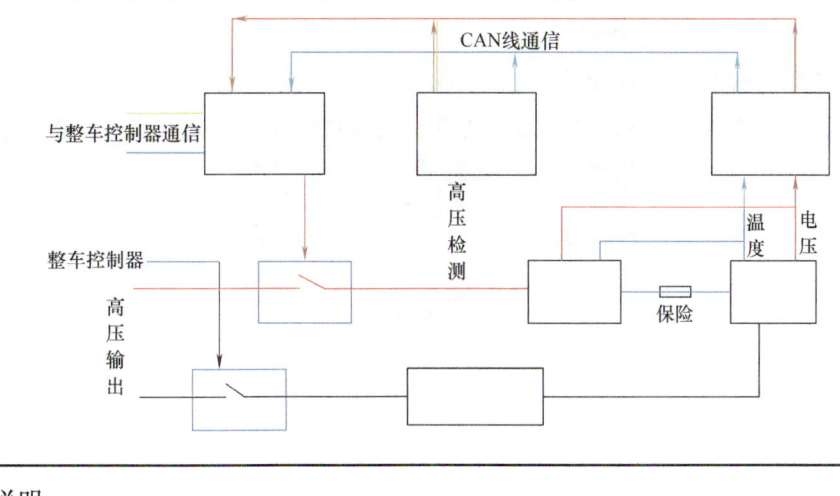

说明

16）请对相关联的名词解释进行连线，并完成填空。

动力电池系统的额定电压	动力电池系统的额定电压×动力电池系统的容量
动力电池系统的容量	单体电芯额定电压×单体电芯串联数
能量效率	电池储存电量的大小
能量密度	单体电芯容量×单体电芯并联数量
动力电池的总能量	电池放电所能做的电功
	单位质量/体积的电芯储存的能量

3. 三元锂动力电池

1）与普莱德电池相比，SK 动力电池的继电器集成器（PRA），它是将_____、主负继电器、_____和预充电阻进行了集成。请填写图框内的部件名称：

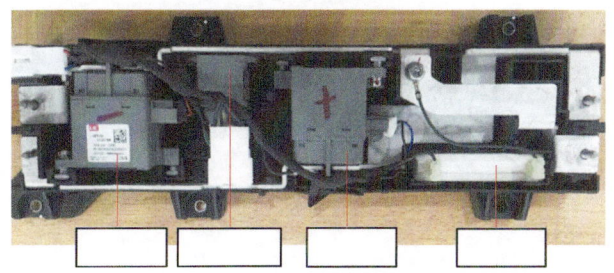

2）SK 的三元锂电池和普莱德的磷酸铁锂电池哪一个有加热继电器和加热电阻？_____

3）下图所示为_____，紧急维修开关位于动力电池组箱体的中间位置，用来保证电动汽车高压电气安全的关键部件，它在特殊情况下才使用，如车辆维修，漏电报警等情况。拆卸它时，操作人员必须带_____。拆开它后，必须等待至少 10min 后方能进行维修操作，以确保高压线路的余电已释放。

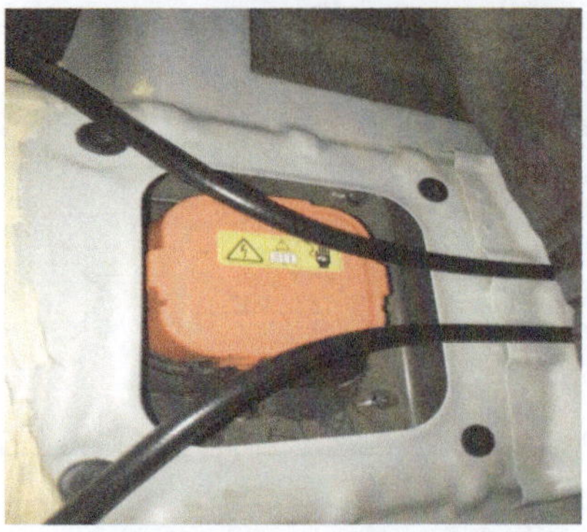

4）拔下它时的操作步骤：请对以下文字表示的操作步骤进行排序。

A. 断开点火开关，必将钥匙移开智能充电钥匙系统探测范围。

G. 断开低压蓄电池负极端子。

D. 确认绝缘手套不漏气，并佩戴。

B. 断开紧急维修开关。

E. 将紧急维修保存于自己口袋里。

C. 等待 10min 或更长时间，以便高压部件总成内部电容放电。

F. 进行维修操作。

正确的操作顺序为_____

5）动力电池管理系统的作用：

_____

_____

6）_____是指低压断电时，通过低压信号控制能够同时将高压回路切断。将高压接插件、低压接插件、维修开关和车载充电机等器件用低压 12V 串联，当回路中某一低压器件断开时，高压同时断开。

4. 更换动力电池内部组件

对特斯拉动力电池拆解资料的学习。

关键点标记表示

四、计划决策

> **温馨提示**
> 请各小组学习、思考和讨论解决问题的具体工作计划,考虑时间、工具、物料并将流程图画在下面空白处,接下来各组派出代表陈述本组的工作方案。

工作计划流程图

> **温馨提示**
> 各小组对其他组的工作计划进行互评,教师总评,并将评语写在侧面框内。各小组根据教师和各组的评价进行方案优化。

优化后的流程图

工具准备:

序　号	工具名称	工具数量

(续)

序　号	工具名称	工具数量
工具使用规范	请填写工具使用规范	

五、任务实施

1. 对仪器进行检查

请按照规范依次检查仪器，并将检查方法与检查结果填写在下表中。

检查仪器名称	检查方法	是否正常
绝缘手套	请各组同学按下图操作方法检查绝缘手套 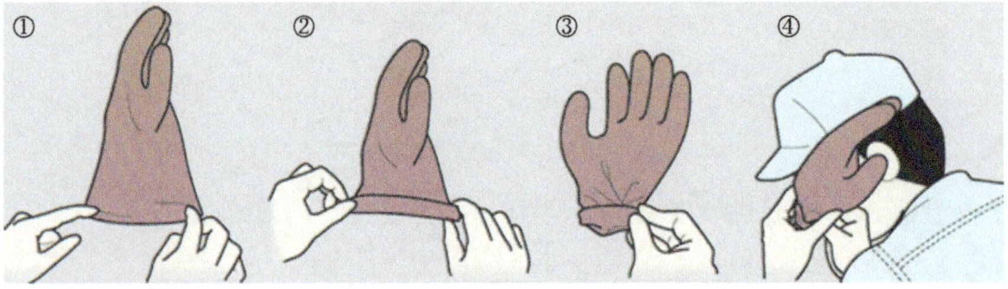 ① ② ③ ④ 检查有无裂缝、损坏	是□否□
拆装工具		是□否□

2. 操作过程

序　号	实施步骤	是否完成
一、	更换单体电芯	
1.	拆卸电池模块	是□否□
1)	确定拆卸哪一个电池模块	是□否□
2)	拆卸电池模块的连接大线	是□否□
3)	拆卸故障电芯所在模块上的采集单元及连接线束	是□否□
4)	拆卸电池模块压板	是□否□
2.	拆卸单体电芯	是□否□
1)	拆卸故障电芯电压采样线、温度采样线	是□否□
2)	利用工具将故障电芯连接排紧固件旋出	是□否□
3)	依次将故障电芯的侧护套、上护套拆下，拔出连接片	是□否□
4)	标记信息	是□否□
3.	更换单体电芯	是□否□
1)	安装电芯上下护套	是□否□

（续）

序　号	实施步骤	是否完成
2)	将更换电芯安装到电池模块内	是□否□
3)	利用连接排连接电芯极柱	是□否□
4)	将采样线 OT 头利用螺栓紧固到连接排安装孔上	是□否□
4.	电池模块入箱及线束连接	是□否□
1)	安装电池盖，将电池模块安装到箱体内	是□否□
2)	安装电池模块压板	是□否□
3)	安装电池采集单元	是□否□
4)	将插线按照标记插入相应的断口中	是□否□
5)	将大线铜鼻子固定到模块输出排上	是□否□
6)	操作后整理现场	是□否□
二、	更换动力电池管理系统	
1.	拆卸故障动力电池管理系统连接线束	是□否□
2.	更换动力电池管理系统	是□否□
3.	连接动力电池管理系统线束	是□否□
4.	操作后整理现场	是□否□
三、	更换动力电池加热继电器、预充继电器	
1.	拆卸加热继电器、预充继电器	是□否□
2.	安装加热继电器、预充继电器	是□否□
3.	连接加热继电器、预充继电器	是□否□
四、	更换动力电池正负极继电器	
1.	拆卸动力电池正负极继电器	是□否□
2.	安装动力电池正负极继电器	是□否□
3.	连接动力电池正负极继电器	是□否□
五、	更换动力电池预充电阻	
1.	拆卸动力电池预充电阻	是□否□
2.	安装动力电池预充电阻	是□否□
3.	连接动力电池预充电阻	是□否□
六、	检查和调试动力电池	是□否□

六、任务检查与评价

1. 请进行必要的最终检查和"6S"管理
2. 请根据实施过程进行总结并完善改进工作计划

总结内容和改进工作计划：

_____

3. 学生填写自评表

要求每一个小组学生派代表上讲台讲述小组的学习成果和经验收获。

课堂小组经验分享记录

4. 教师填写总评表

老师评价结果记录

学习任务 3　检修动力电池故障

一、任务描述

客户委托：检修"动力电池绝缘故障"

4S 店技术主管在检测张先生的 EV200 汽车后，判断其是动力电池故障，此时需要你作为维修人员协助技术主管按照规范程序完成维修。

教师协助学生分析工作任务，运用问题引导方法：

1. 你在任务中的角色是什么？

_____

2. 你的工作任务是什么？

_____

二、任务分析

1. 请检查并记录车辆使用情况

检 查 项 目	状 态 记 录
周期维护灯亮起	□是 □否
行驶里程	km
上次维护时间	
检查车辆外观状态	

2. 根据任务描述中车辆的情况明确本次工作任务，并分析完成本次工作任务所需要掌握的知识点有哪些？

三、任务资讯

1. 动力电池内部充电原理

请根据动力电池内部充电原理图,将下面的流程图框填充完整。

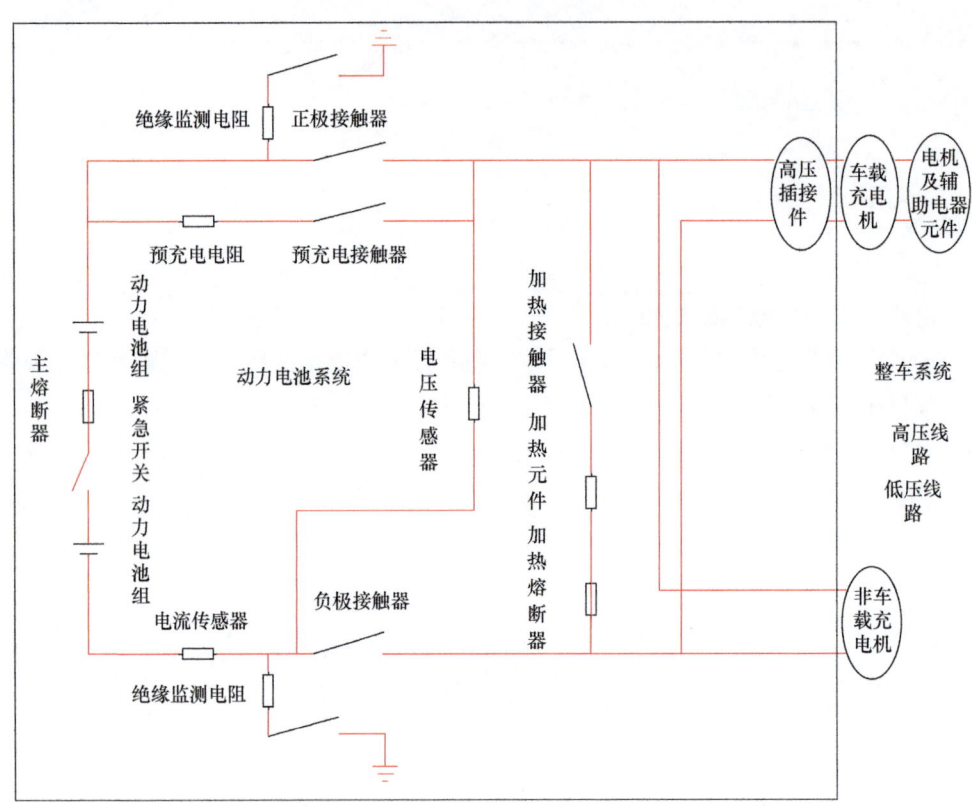

(1)充电之前——加热

车辆慢充:

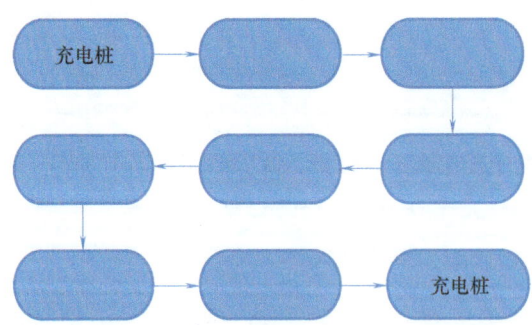

车辆快充:

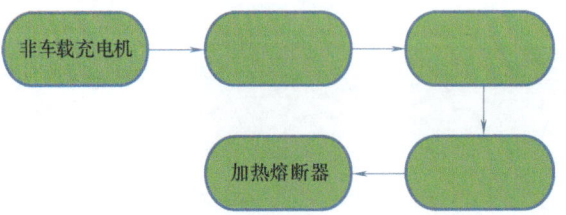

(2) 充电初期——预充电

车辆慢充：

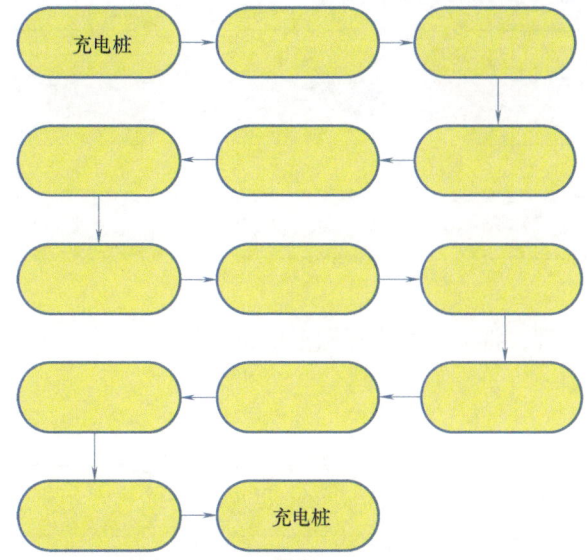

车辆快充：

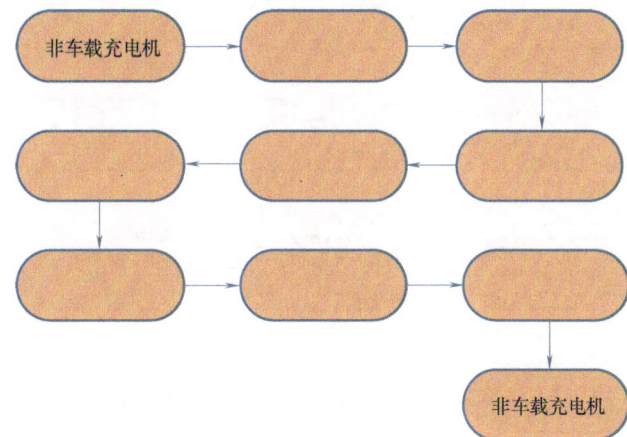

(3) 充电

车辆慢充：

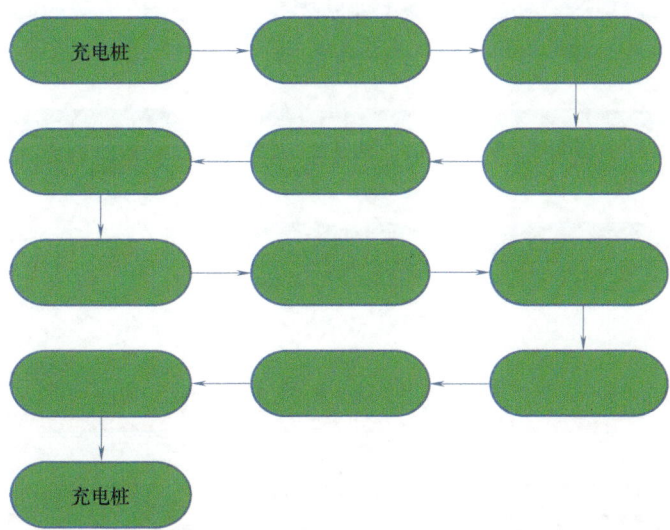

车辆快充：

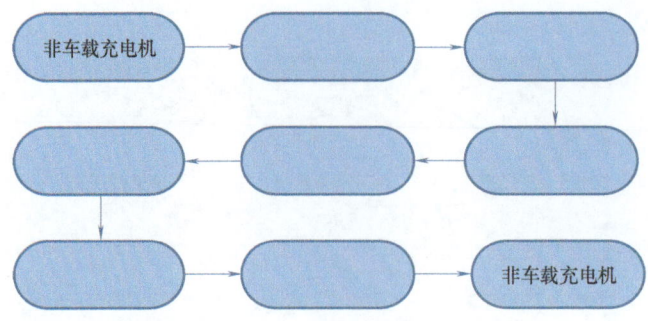

2. 动力电池内部放电原理

请根据动力电池内部放电原理，将下面的流程图框填充完整。

（1）放电初期——预充

动力电池组正极端：

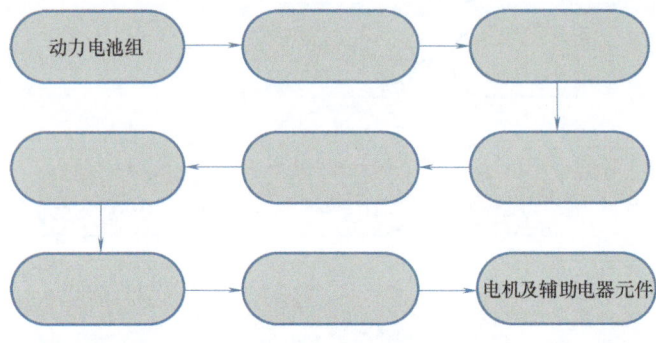

动力电池组负极端：

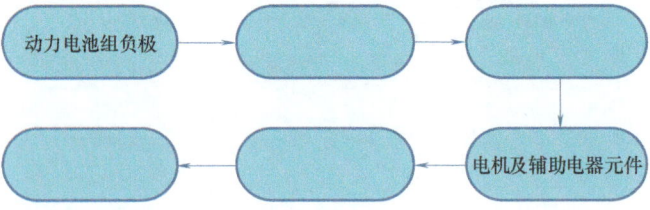

（2）放电

动力电池组正极端：

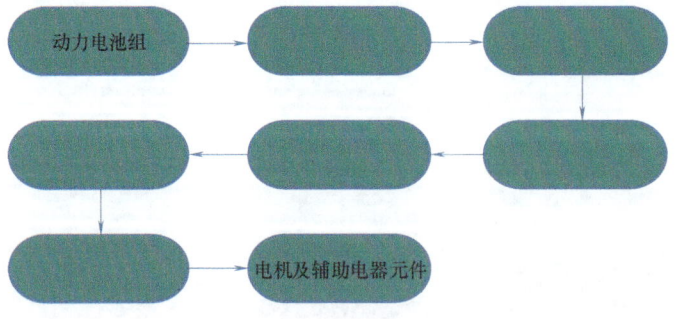

动力电池组负极端：

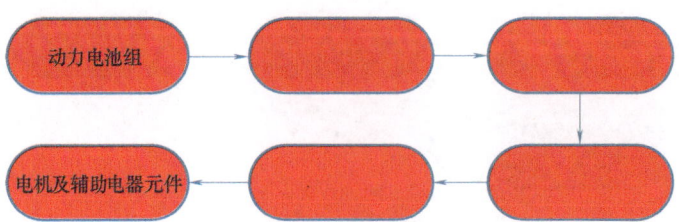

3. BMS 结构及原理

1）动力电池管理系统代表什么？请简述一下动力电池管理系统的作用。

____

2）动力电池管理系统的五大功能都有哪些？请简要描述一下。

____

4. 动力电池系统故障显示

以下为 EV150 电动汽车的仪表盘，请填写故障名称相应的序号并画出故障灯符号。

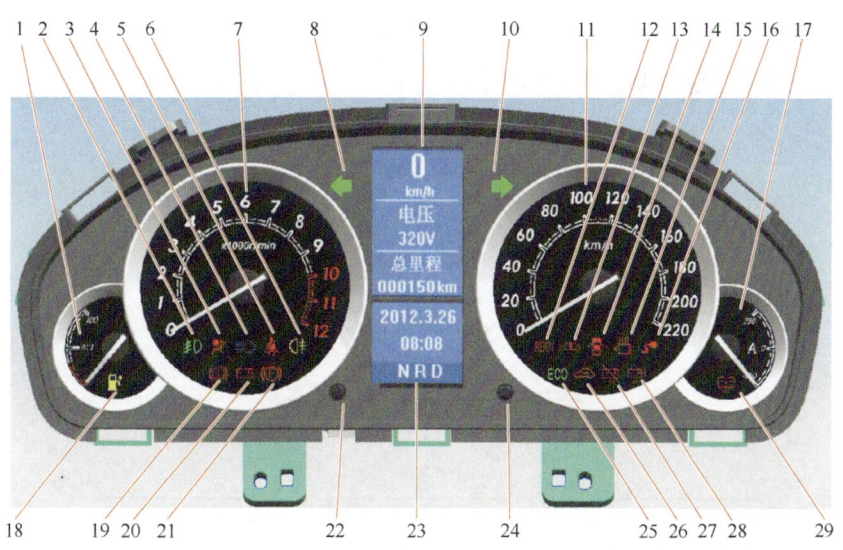

请填写序号	符 号 名 称	请将故障符号画在相应的框内
	动力电池系统断开	
	动力电池故障	
	动力电池绝缘故障	

5. 动力电池系统故障等级

故障等级	故障描述
一级故障	
二级故障	
三级故障	

6. 绝缘电阻测量方法示例

测量工具：摇表或者绝缘电阻测试仪。

动力电池输出高压电缆绝缘检测。

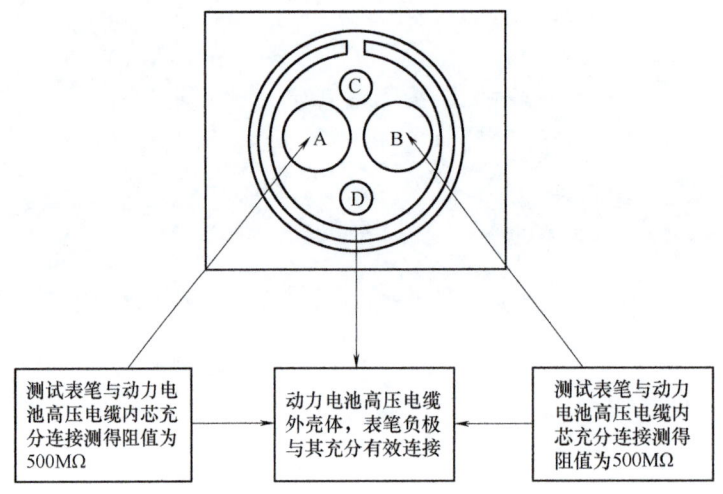

四、计划决策

> **温馨提示**
>
> 请各小组学习、思考和讨论解决问题的具体工作计划，考虑时间、工具、物料并将流程图画在下面空白处，接下来各组派出代表陈述本组的工作方案。

工作计划流程图

> **温馨提示**
> 各小组对其他组的工作计划进行互评,教师总评,并将评语写在侧面框内。各小组根据教师和各组的评价进行方案优化。

优化后的流程图

各小组组长确定每一位学生的学习角色,对小组任务进行分配。组员按组长的要求完成相关任务内容,并将自己所在小组及个人任务内容填入表中。

工具准备:

序　号	工具名称	工具数量
工具使用规范	请填写工具使用规范	

五、任务实施

1. 对仪器进行检查

请按照规范依次检查仪器,并将检查方法与检查结果填写在下表中。

检查仪器名称	检 查 方 法	是否正常
绝缘手套	请各组同学按下图操作方法检查防护手套 ① ② ③ ④ 检查有无裂缝、损坏	是□ 否□
拆装工具		是□ 否□
检测工具 名称_____		是□ 否□

2. 诊断过程

整车所有高压部分绝缘都由动力电池检测,整车没有高压绝缘检测功能。如果出现绝缘故障请首先用绝缘表检测动力电池绝缘。

（1）动力电池绝缘检测

拔下动力电池高压线束,使用绝缘表测量动力电池端插座的绝缘电阻。

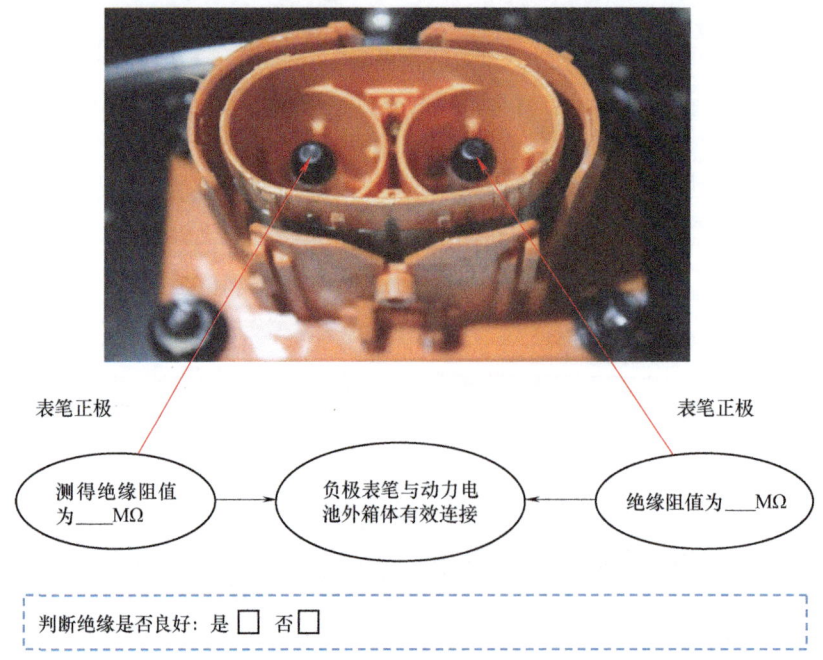

表笔正极　　　　　　　　　　　　　　表笔正极

测得绝缘阻值为___MΩ　←　负极表笔与动力电池外箱体有效连接　→　绝缘阻值为___MΩ

判断绝缘是否良好：是□ 否□

(2) 动力电池输出高压电缆绝缘检测

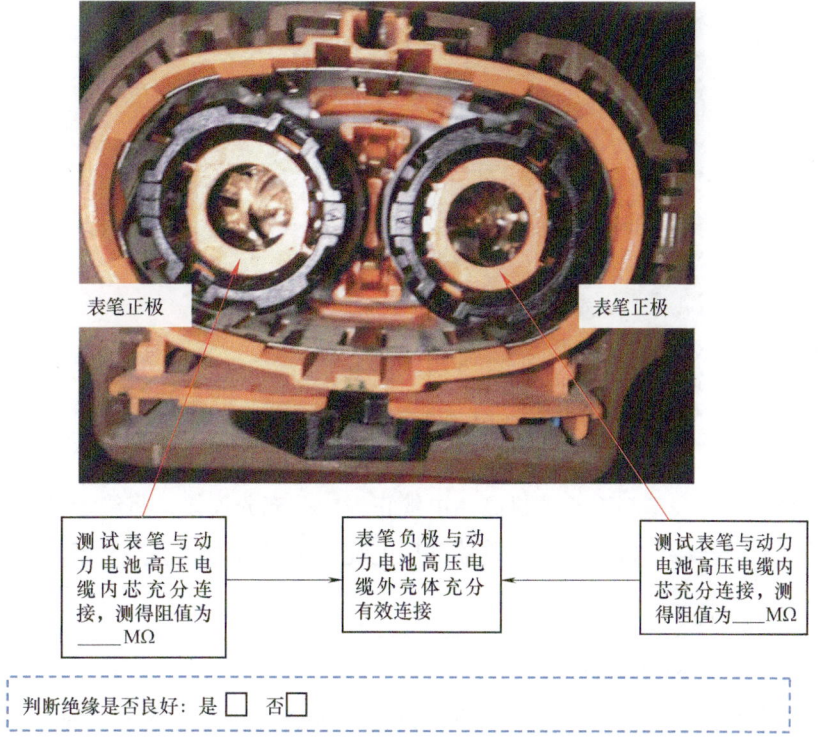

测试表笔与动力电池高压电缆内芯充分连接，测得阻值为____MΩ

表笔负极与动力电池高压电缆外壳体充分有效连接

测试表笔与动力电池高压电缆内芯充分连接，测得阻值为____MΩ

判断绝缘是否良好：是 □ 否 □

(3) 电机控制器电缆与高压控制盒连接4芯电缆绝缘检测

拔下电机控制器电缆与高压控制盒连接4芯电缆。

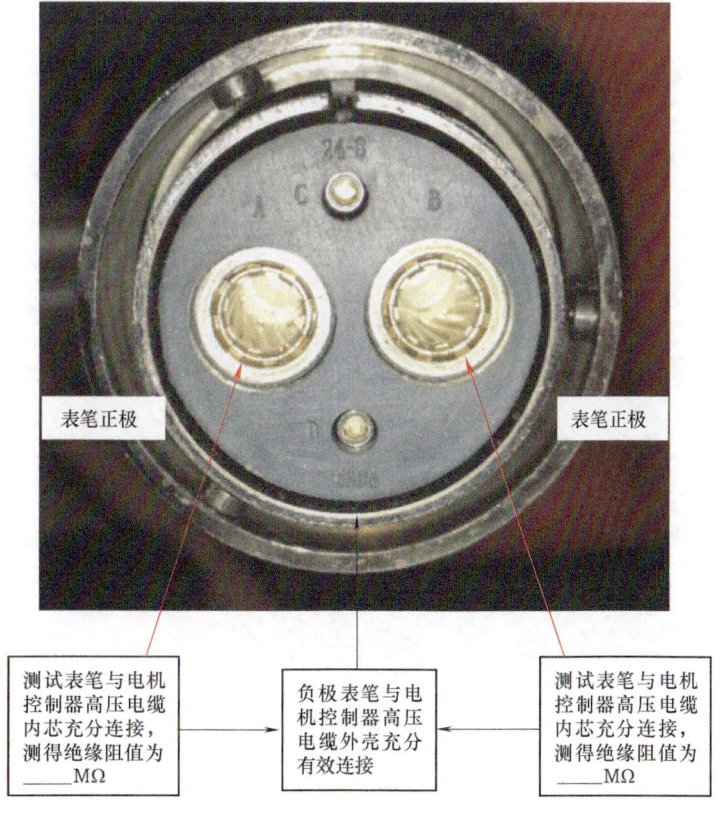

测试表笔与电机控制器高压电缆内芯充分连接，测得绝缘阻值为____MΩ

负极表笔与电机控制器高压电缆外壳充分有效连接

测试表笔与电机控制器高压电缆内芯充分连接，测得绝缘阻值为____MΩ

（4）使用绝缘表测量电机控制器电缆正极绝缘阻值

测量方法：将绝缘表测试表笔与连接电机高压电缆正极内芯充分连接，将绝缘表负极表笔与连接电机控制器高压电缆正极外壳充分连接，检测电机控制器高压电缆绝缘阻值为_____MΩ。

判断绝缘是否良好：是□ 否□

（5）电机控制器电缆负极绝缘测量

测量方法：将绝缘表测试表笔与_____充分连接，将绝缘表负极表笔与连接_____充分连接，检测电机控制器高压电缆绝缘阻值为_____。

判断绝缘是否良好：是□ 否□

（6）高压线束高压控制盒 11 芯插件绝缘阻值测量

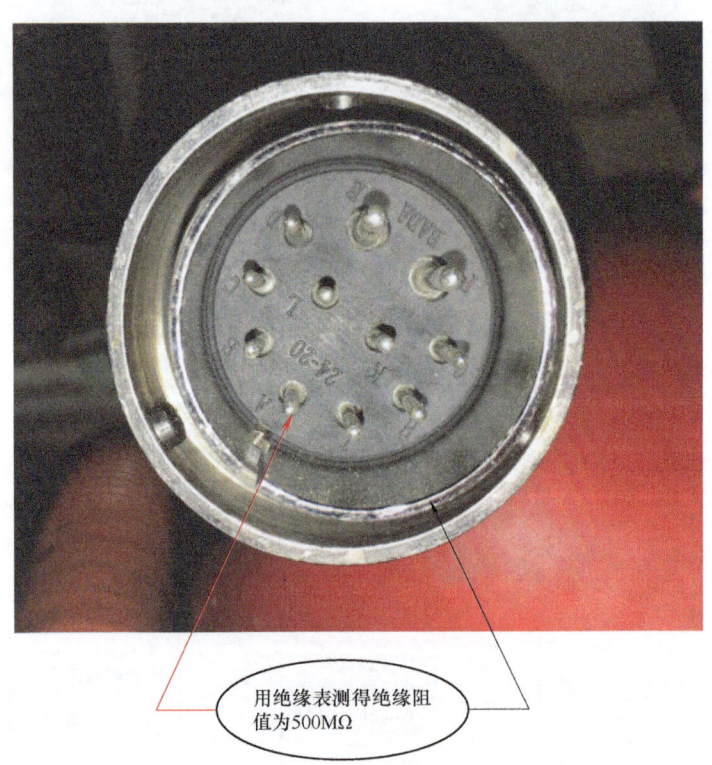

用绝缘表测得绝缘阻值为500MΩ

测量方法：将绝缘表的正表笔分别与插件内各针脚相连，负表笔与线缆外壳相连，测得绝缘阻值分别为：

针 脚 代 号	测得的绝缘阻值	绝缘是否良好
A		
B		
C		
D		
E		
F		
G		
H		
J		

高压线束高压控制盒 11 芯插件 HT11a 针脚定义

A——DC/DC 电源正极

B——PTC 电源正极

C——压缩机电源正极

D——PTC-A 组负极

E——充电机电源正极

F——充电机电源负极

G——DC/DC 电源负极

H——压缩机电源负极

J——PTC-B 组负极

K——互锁信号线

L——空引脚

(7) 高压线束 DC/DC 4 芯插件绝缘测量

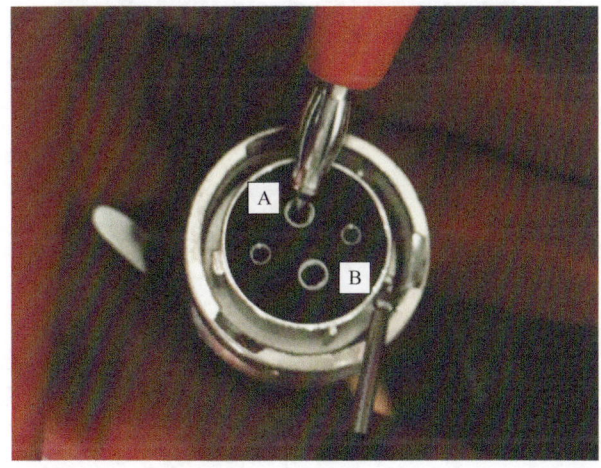

使用绝缘表测量高压线束 DC/DC4 芯插件的绝缘电阻。将绝缘表的正表笔分别与插件针脚 A、B 相连，负表笔与线缆外壳相连，测得绝缘阻值为 A 脚_____ B 脚_____。

判断绝缘是否良好：是□ 否□

（8）快充线束绝缘阻值测量

使用绝缘表测量快充线束绝缘阻值。将绝缘表测试表笔分别与快充线束 5 和 6 充分连接，负极表笔与车身充分有效连接测得绝缘阻值为 5 _____ 6 _____。

判断绝缘是否良好：是□ 否□

（9）驱动电机 U、V、W 高压电缆绝缘阻值测量

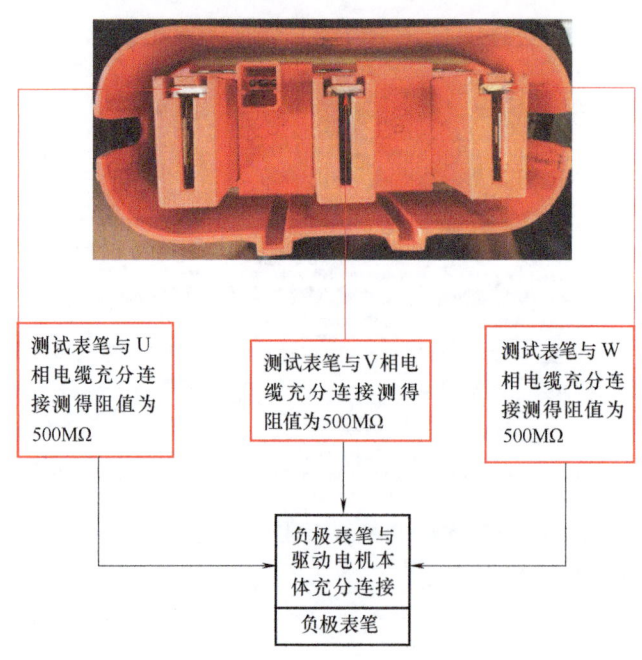

测量方法：使用绝缘表测量驱动电机 U、V、W 高压电缆绝缘阻值。将绝缘表的正表笔分别与插件针脚 U、V、W 相连，负表笔与驱动电机外壳相连，测得绝缘阻值为 U _____ V _____ W _____。

判断绝缘是否良好：是□ 否□

六、任务检查与评价

1. 请进行必要的最终检查和"6S"管理
2. 请根据实施过程进行总结并完善改进工作计划

总结内容和改进工作计划：

_____

_____

3. 学生填写自评表

要求每一个小组学生派代表上讲台讲述小组的学习成果和经验收获。

课堂小组经验分享记录

4. 教师填写总评表

老师评价结果记录

学习任务4　检修仪表报动力电池故障、动力电池高压断开故障

一、任务描述

客户委托：检修仪表报动力电池故障、动力电池高压断开故障

张先生的EV200汽车仪表盘上显示动力电池故障指示灯和动力电池高压断开故障指示灯亮，此时需要你作为维修人员按照规范程序，排除此故障。

教师协助学生分析工作任务，运用问题引导方法：

1. 你在任务中的角色是什么？
_____
2. 你的工作任务是什么？
_____

二、任务分析

根据任务描述中车辆的情况明确本次工作任务，并分析完成本次工作任务所需要掌握的知识点有哪些？

三、任务资讯

动力电池发生故障致使高压断开，可以从两个方面进行故障排除。请简要描述一下排除思路。

四、计划决策

> 🍃 **温馨提示**
>
> 请各小组学习、思考和讨论解决问题的具体工作计划,考虑时间、工具、物料并将流程图画在下面空白处,接下来各组派出代表陈述本组的工作方案。

工作计划流程图

> 🍃 **温馨提示**
>
> 各小组对其他组的工作计划进行互评,教师总评,并将评语写在侧面框内。各小组根据教师和各组的评价进行方案优化。

优化后的流程图

工具准备：

序　号	工具名称	工具数量
工具使用规范	请填写工具使用规范	

五、任务实施

1. 对仪器进行检查

请按照规范依次检查仪器，并将检查方法与检查结果填写在下表中。

检查仪器名称	检查方法	是否正常
绝缘手套	请各组同学按下图操作方法检查防护手套 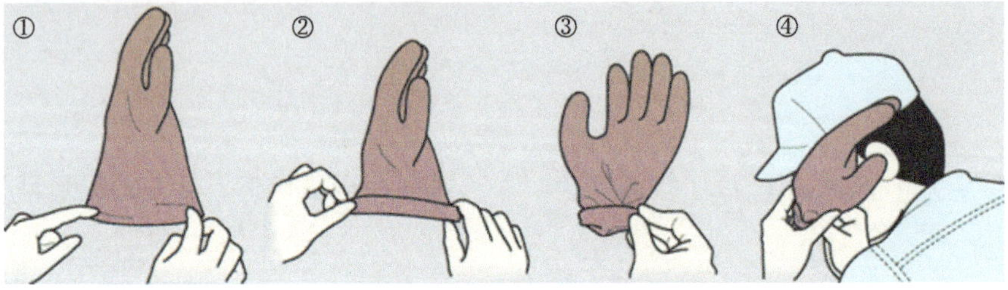 ① ② ③ ④ 检查有无裂缝、损坏	是□否□
拆装工具		是□否□
检测工具名称＿＿		

2. 诊断过程

1）首先使用北汽新能源专用诊断仪读取故障码，再进行下一部检查。

显示的故障码为：＿＿＿＿＿＿＿＿＿＿＿＿＿＿＿＿＿＿＿＿

2）通过查看电路图，检查发动机舱电器盒内动力电池低压供电保险是否熔断。

是否熔断＿＿＿＿＿＿＿＿＿＿＿＿＿＿＿＿＿＿＿＿＿＿＿＿。

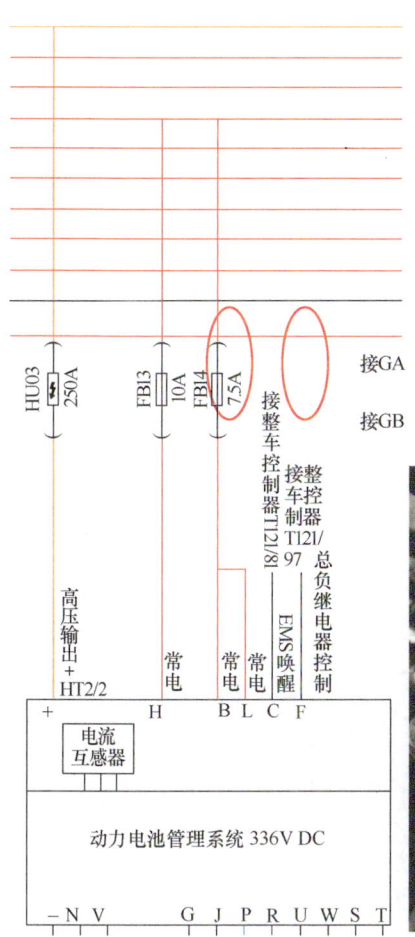
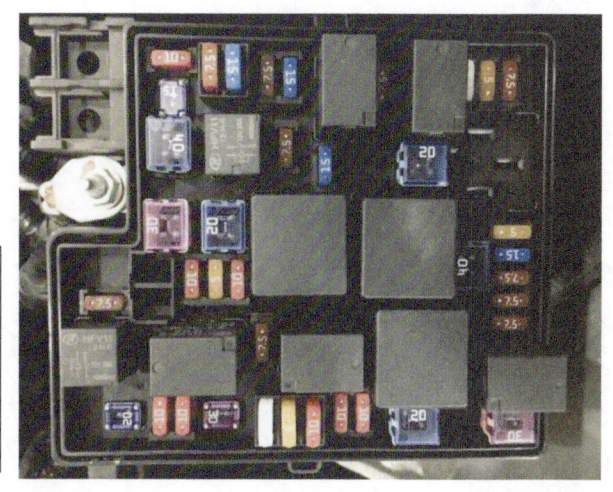

3）检查保险正常后再检查动力电池低压供电。

通过分析电路图，找出动力电池低压控制端 B、H、L 三脚。将车辆在举升机上升起，断开低压控制插件，打开点火开关至 ON 档，随后用万用表测量动力电池低压控制供电电压 U 为 B 脚_____V，H 脚_____V，L 脚_____V。

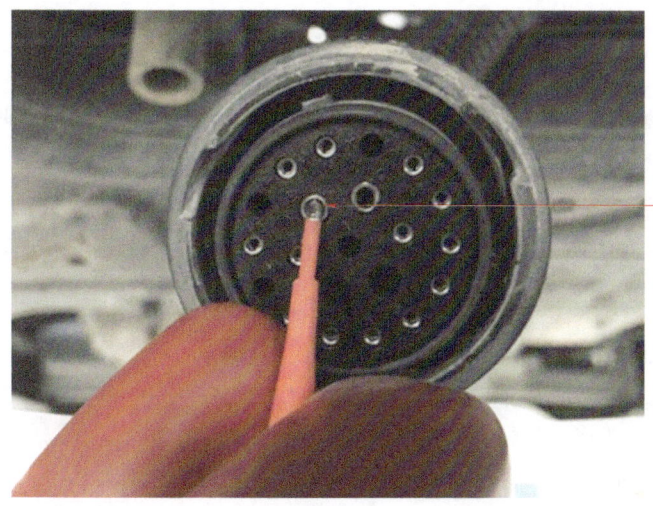

万用表正极与 B、H、L 三脚分别有效连接测得电压_____

万用表负极有效搭铁（车身搭铁）

动力电池低压线束端 21 芯插件
T21A——未使用
B——动力电池管理系统供电正极
C——唤醒
D——未使用
E——未使用
F——负极继电器控制
G——动力电池管理系统供电负极
H——继电器供电正极
J——继电器供电负极
K——未使用
L——HVIL 信号
M——未使用
N——新能源 CAN 屏蔽
P——新能源 CANH
R——新能源 CANL
S——动力电池内部 CANH
T——动力电池内部 CANL
U——快充 CANH
V——快充 CANH
W——动力电池 CAN 屏蔽
X——未使用

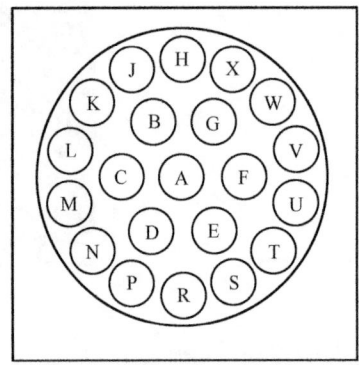

4）如果以上测量无 12V 电源，则测量电源线通断，检测电源线是否有短路和断路现象。

将万用表旋钮旋至通断档对 B、H、L 三脚分别进行通断测量，线路电阻值分别为 B _____、H _____、L _____。

5）上述测量如果线束正常请更换发动机舱电器盒总成，如果线束有短路或断路现象请更换低压电机线束。

6）检查动力电池负极继电器。

用万用表检查低压电机线束插件负极继电器针脚与整车控制器连接线束的通断，线路电阻值为_____Ω。如果不通请更换低压电机线束，如果导通需请检查整车控制器或动力电池负极继电器。

7）检查动力电池唤醒信号。

用万用表检查低压电机线束插件动力电池唤醒信号针脚与整车控制器连接线束的通断，线路电阻值为_____Ω。

8）检测动力电池内部预充电电阻。

将万用表旋钮旋至欧姆档，万用表两表笔分别与动力电池 P 脚与 R 脚充分连接，测得阻值为_____Ω，正常测得阻值应为 120Ω 左右。

9）检测动力电池低压控制线搭铁线。

用万用表检查低压电机线束插件搭铁线针脚 G 脚与车身搭铁的通断，线路电阻值为_____Ω。如不导通请检查车身搭铁线是否接触不实或如果线束断路请更换线束。

学习任务 4　检修仪表报动力电池故障、动力电池高压断开故障　　081

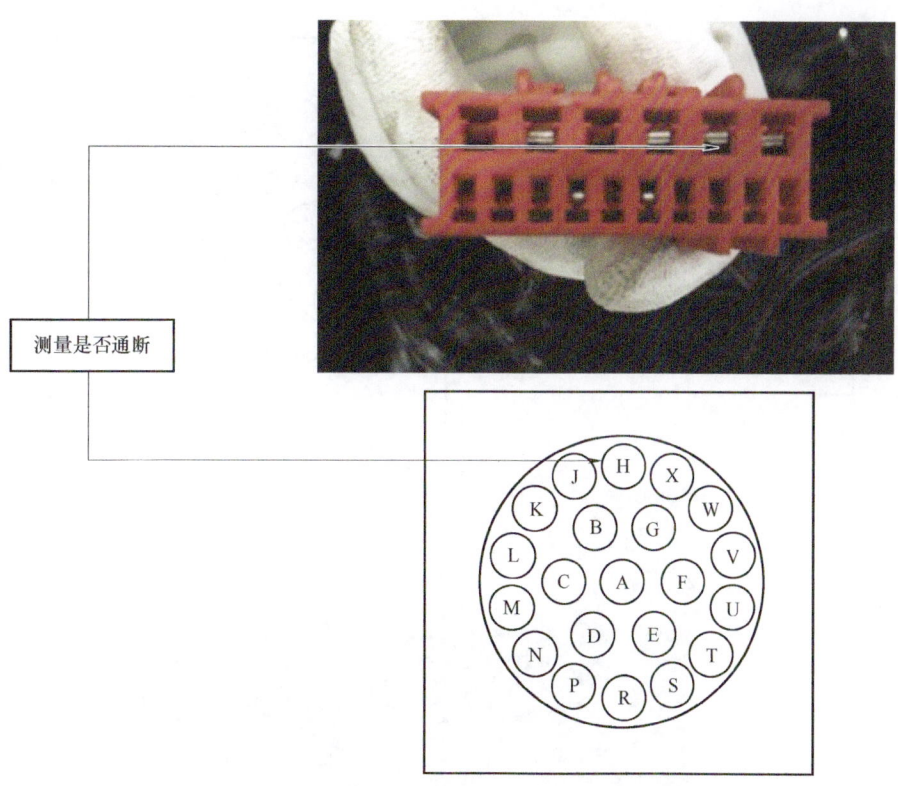

测量是否通断

判断是否通断：B 是□ 否□　　H 是□ 否□　　L 是□ 否□

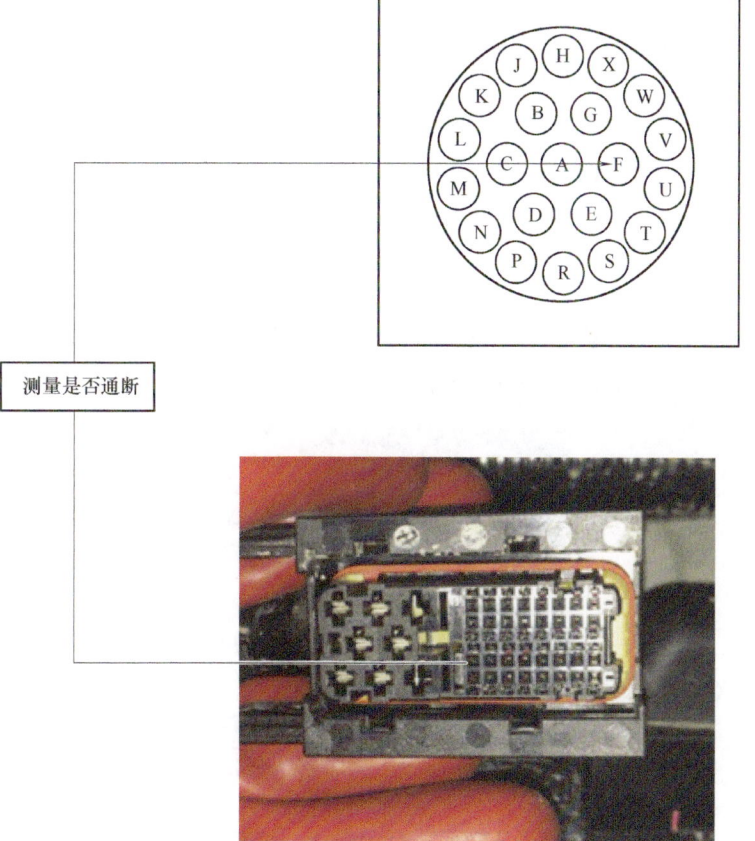

测量是否通断

判断是否通断：B 是□ 否□

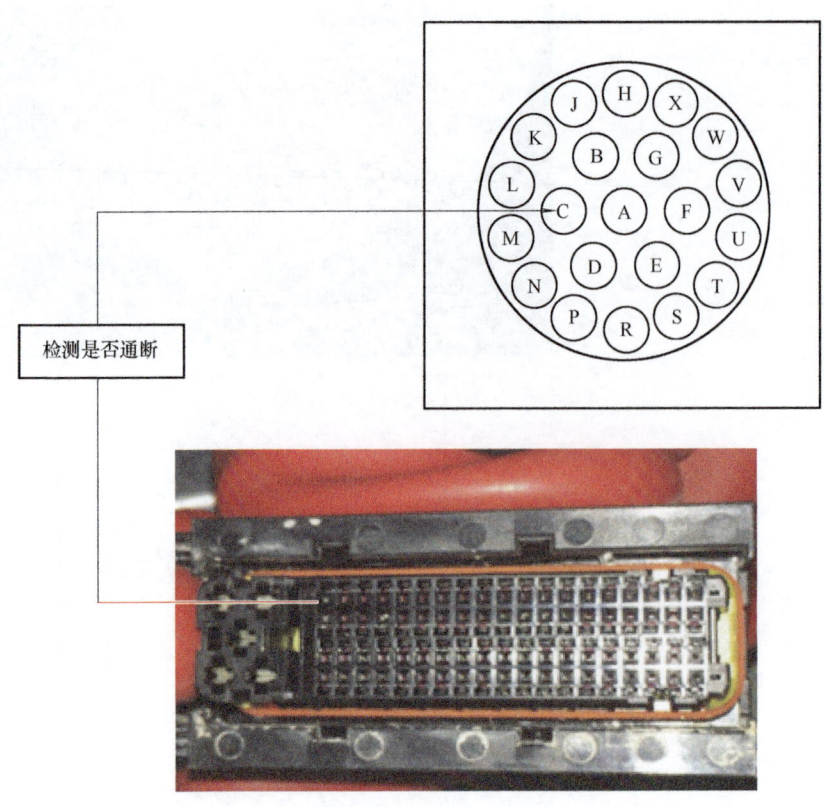

检测是否通断

┌───┐
│ 判断是否通断：B 是□ 否□   │
└───┘

10）检测动力电池低压继电器搭铁线。

用万用表检查低压电机线束插件继电器搭铁线 J 针脚与车身搭铁的通断，线路电阻值为_____Ω。如不导通请检查车身搭铁是否锈蚀或虚接，确定线束断路请更换低压电机线束。

┌───┐
│ 判断是否通断：B 是□ 否□   │
└───┘

11）检查动力电池维修开关。

检查是否松动，维修开关主熔断器是否熔断。检查方法：将动力电池拆下检查维修开关是否松动，如果未松动，将维修开关从动力电池上拆下，用万用表测量维修开关主熔断器是否熔断。

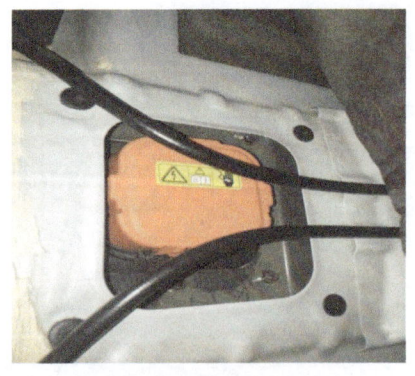

┌───┐
│ 判断是否正常：B 是□ 否□   │
└───┘

六、任务检查与评价

1. 请进行必要的最终检查和"6S"管理。
2. 请根据实施过程进行总结并完善改进工作计划。

总结内容和改进工作计划：

_____

_____

3. 学生填写自评表

要求每一个小组学生派代表上讲台讲述小组的学习成果和经验收获。

课堂小组经验分享记录

4. 教师填写总评表

老师评价结果记录

学习情景4

驱动电机及控制系统结构原理与检修

- 驱动电机系统电路
- 驱动电机系统低压插件
- 旋转变压器电路故障排除
- 驱动电机系统的故障分析

- 电机控制器逆变原理
- 驱动电机系统故障排除

→ 检修驱动电机控制系统故障 → 驱动电机及控制系统结构原理检修 → 更换驱动电机系统部件

- 电动汽车驱动电机的种类及特点
- 驱动电机系统工作模式
- 驱动电机系统工作条件
- 永磁同步电机的结构及工作原理
- 交流异步电机的结构及工作原理
- 电机控制器结构及功能
- 电机的传感器
- 驱动电机的更换

学习任务 1　更换驱动电机系统部件

一、任务描述

客户委托：更换驱动电机

一辆纯电动车辆行驶 5000km 以后，会出现类似底盘零部件松动的声音，从机舱内部下方传出，车辆低速滑行过减速带时比较明显，另外在低速时加速和减速时也会频发出现这种声音。拆下电机后检查磨损情况，发现减速器花键和驱动电机输出轴花键磨损严重。作为一名电动车的维修技师，请你为客户的车辆更换驱动电机总成。

教师协助学生分析工作任务，运用问题引导方法：

1. 电动汽车与传统汽车传动系统的主要区别是什么？
_____
_____
_____

2. 电动汽车的传动部件都有哪些？
_____
_____
_____

二、任务分析

根据任务描述中车辆的情况明确本次工作任务，并分析完成本次工作任务所需要掌握的知识点有哪些？

三、任务资讯

1. 请根据图中对驱动电机系统的描述和图画写出电动汽车对驱动电机的性能要求

2. 下图为特斯拉电动四驱系统的电机布置，请在图中空白处填写电机的名称

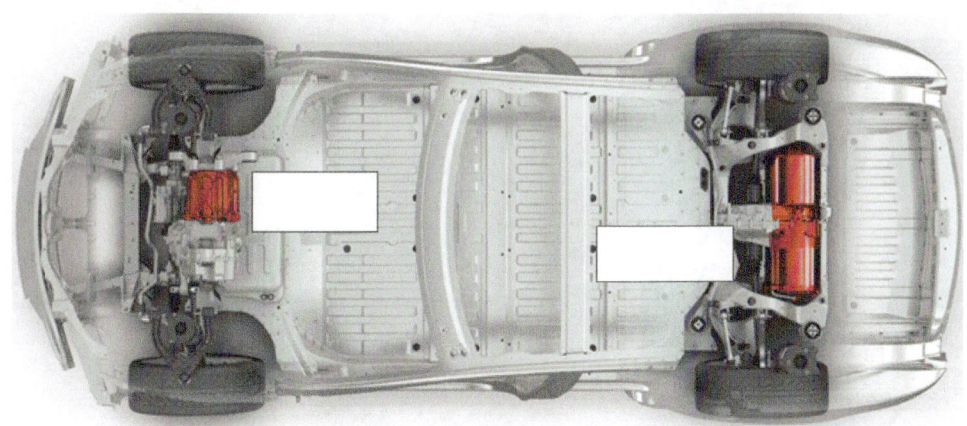

3. 请将三种电机的特点在表中的空白处补充完整

	直流电机	永磁电机	感应电机
比功率		高	
峰值效率（%）	85~89	95~97	94~95

(续)

	直流电机	永磁电机	感应电机
负荷效率（%）	80~87	85~97	90~92
转速范围/(r/min)	4000~6000		12 000~15 000
可靠性	一般	优秀	好
尺寸		小	中
代表车型	蓄电池代步车	比亚迪秦、唐	特斯拉 Model S
成本	低		低
控制难度	低	一般	

4. 请在下图方框处填写奥迪混动系统永磁同步电机的结构

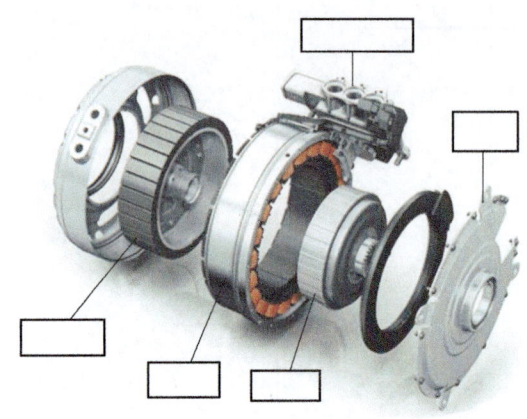

5. 请将图片对应的电机名称连接起来

轮毂电机

交流异步电机

永磁同步电机

6. 下图为某车型驱动电机系统布置图，请在方框中填写各部件的名称

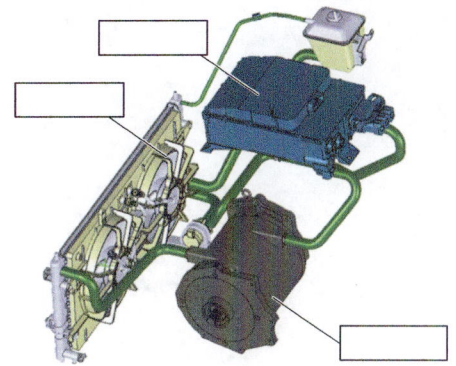

7. 请将永磁同步电机的结构填写在图中的方框处

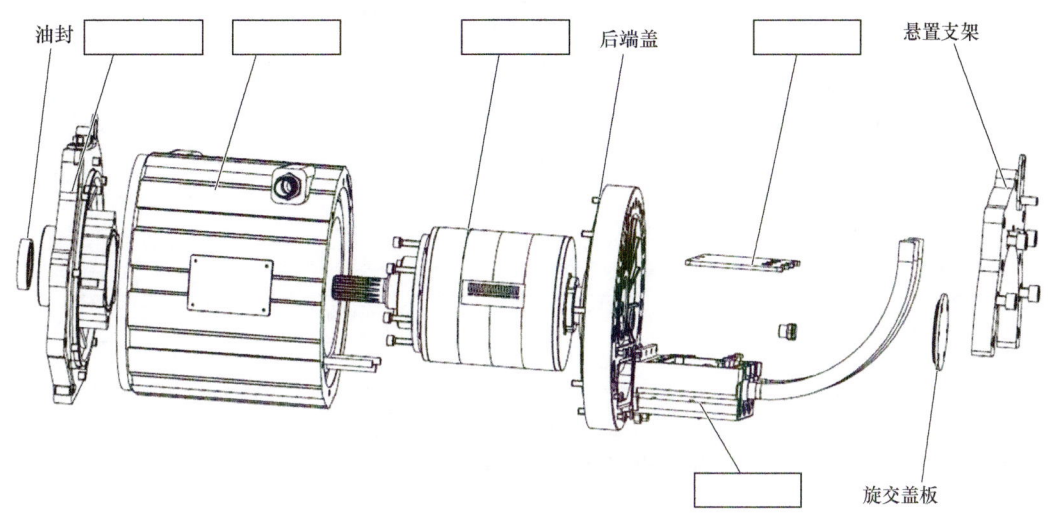

油封　　　　　　　　　　　　　后端盖　　　　　　　悬置支架

旋交盖板

8. 请将某车型电机控制器的结构填写在图中方框处，并写出电机控制器的主要功能

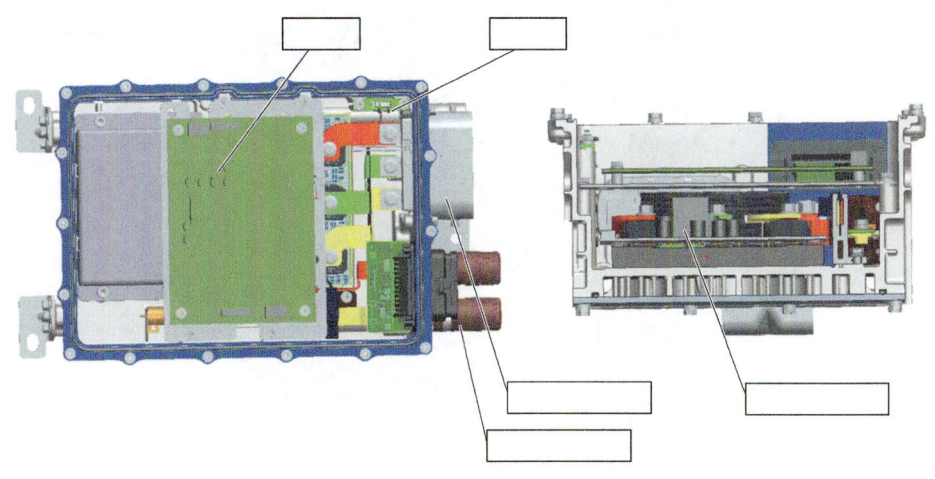

电机控制器的功能：

_____
_____
_____
_____

9. 根据下图写出制动时能量回收的原理

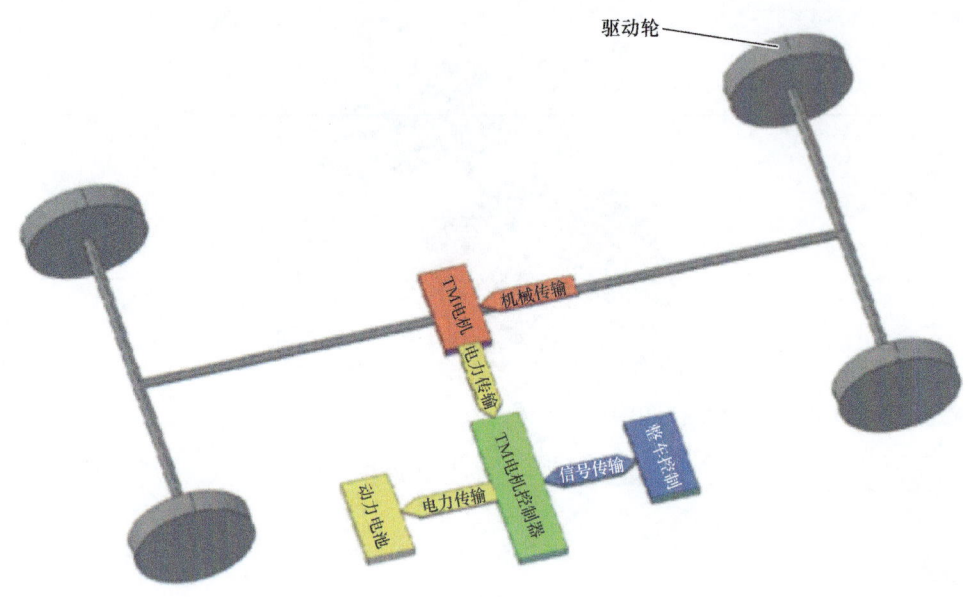

制动能量回收原理：

_____
_____
_____
_____

10. 请根据下图将典型鼠笼型异步电机的部件名称填在方框处

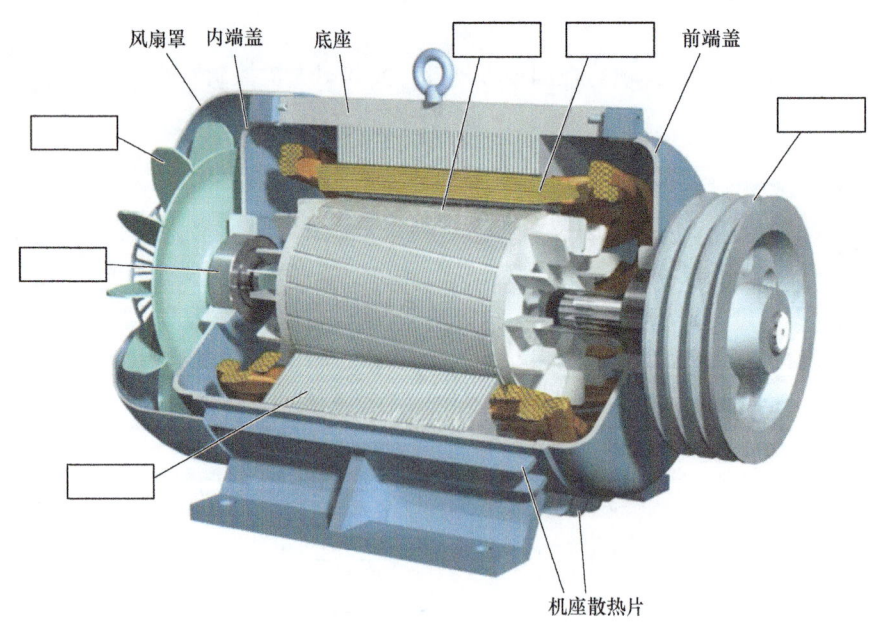

11. PDU

PDU 是指在某些电动车型上，将电机控制器、车载充电机、DC/DC、PTC 控制器、快充继电器、熔断器、互锁电路等集成在一起的部件。下图为某车型 PDU 的结构，请在方框处填写 PDU 的部件名称。

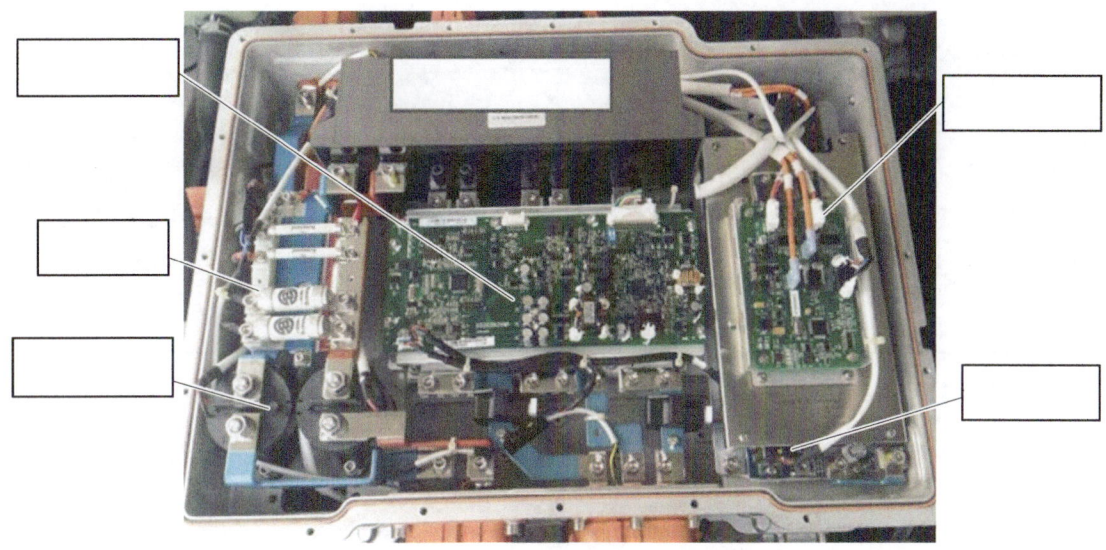

12. 旋转变压器结构

旋转变压器（Resolver/Transformer）安装在驱动电机上，是一种电磁式传感器，用来测量旋转物体的转轴角位移和角速度。在电动汽车上，使用旋转变压器作为测量驱动电机转速的元件，并将转速信号传递给电机控制器。请在旋转变压器的结构图中填写部件名称。

13. 旋转变压器原理

请根据旋转变压器的工作原理简图画出其输入与输出线圈在相位差为180°时输出电压与输入电压的关系图。

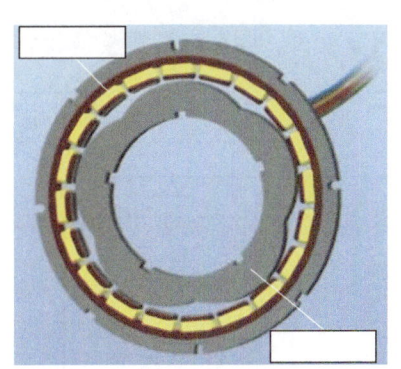
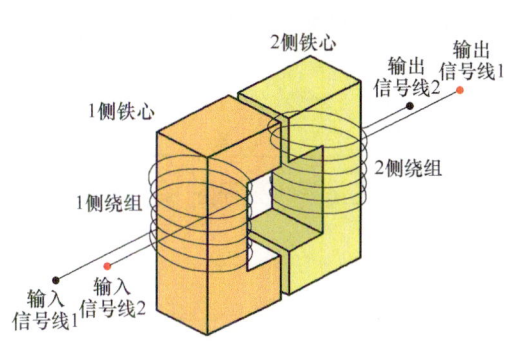

输出电压与输入电压的关系图

四、计划决策

> 温馨提示
>
> 请各小组学习、思考和讨论解决问题的具体工作计划,考虑时间、工具、物料并将流程图画在下面空白处,接下来各组派出代表陈述本组的工作方案。

工作计划流程图

> 温馨提示
>
> 各小组对其他组的工作计划进行互评,教师总评,并将评语写在侧面框内。各小组根据教师和各组的评价进行方案优化。

优化后的流程图

各小组组长确定每一位学生的学习角色,对小组任务进行分配。组员按组长的要求完成相关任务内容,并将自己所在小组及个人任务内容填入表中。

课堂任务:

序　号	成员角色、任务分配	负　责　人

（续）

课堂任务：		
序　号	成员角色、任务分配	负　责　人

工具准备：

序　号	工具名称	工具数量
工具使用规范	请填写工具使用规范	

五、任务实施

1. 对仪器进行检查

请按照规范依次检查仪器，并将检查方法与检查结果填写在下表中。

检查仪器名称	检查方法	是否正常
绝缘手套	请各组同学按下图操作方法检查绝缘手套 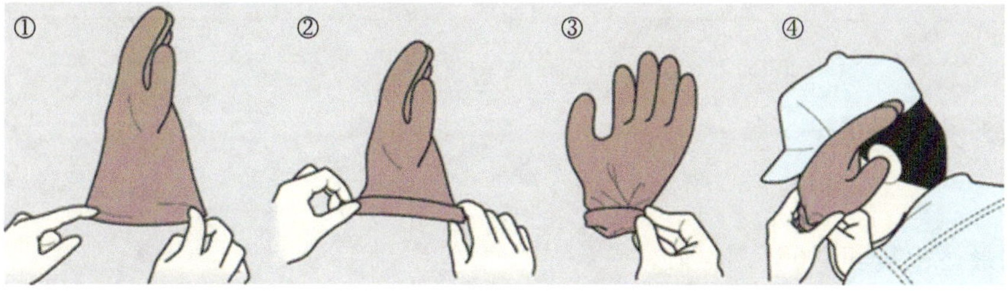 ① ② ③ ④ 检查有无裂缝、损坏	是□否□
拆装工具		是□否□

2. 驱动电机的更换过程

当电机损坏时需要更换电机，更换电机时要按照高压操作的规范进行。

（1）更换驱动电机的步骤

序　号	拆卸驱动电机的步骤	是否完成
1	将点火开关置于OFF档并关闭所有用电器，将钥匙从点火开关拔下并妥善保管	是□否□
2	断开蓄电池低压负极电缆	是□否□
3	拧开散热水箱盖	是□否□
4	将车辆举升	是□否□
5	拆下发动机舱挡板	是□否□
6	在下方排放冷却液，并断开电机上的进出水管路	是□否□
7	拔下驱动电机上的低压线束	是□否□
8	用专用工具拆下电机控制器的高压插头	是□否□
9	拆卸车轮	是□否□
10	拔下空调压缩机上的高低压插件，在电机上拆下空调压缩机的固定螺栓，将空调压缩机移动到远离电机位置并固定	是□否□
11	拆卸制动钳总成并固定	是□否□
12	使用专用工具将驱动轴从制动盘中拔出	是□否□
13	用撬棍将驱动轴从变速器中撬出，拔出左右两个驱动轴	是□否□
14	拆卸固定驱动电机的悬架螺栓	是□否□
15	从车辆下方拆下驱动电机和减速器总成	是□否□

（2）电机总成安装完成后的检查

序　号	安装驱动电机的步骤	是否完成
1	水路系统安装正确性，是否有滴水、漏水等异常情况	是□否□
2	各部件机械部件安装是否牢固	是□否□
3	各线缆所连接电源的极性连接是否正确	是□否□
4	各电气插接器连接是否到位，相应的插口或锁紧螺钉是否卡紧或拧紧	是□否□
5	各高、低压部件的绝缘性是否良好	是□否□

六、任务检查与评价

1. 请进行必要的最终检查和"6S"管理
2. 请根据实施过程进行总结并完善改进工作计划
总结内容和改进工作计划：

3. 学生填写自评表
要求每一个小组学生派代表上讲台讲述小组的学习成果和经验收获。

课堂小组经验分享记录

4. 教师填写总评表

老师评价结果记录

学习任务 2　检修驱动电机控制系统故障

一、任务描述

客户委托：排除"驱动电机系统故障"

一名客户的车辆在行驶几公里后会出现掉高压现象，仪表显示动力电池故障指示灯亮，系统故障灯亮，车辆无法行驶。使用故障检测仪读出故障码为 P0518（电机控制器欠电压故障），经确定故障在驱动电机系统，作为一名维修技师请你维修客户的车辆。

教师协助学生分析工作任务，运用问题引导方法：

1. 你所面对的是什么类型的车辆？

_____

2. 你在任务中的角色是什么？

_____

3. 你的工作任务是什么？

_____

二、任务分析

1. 请检查并记录车辆使用情况

检查项目	状态记录
车辆是否有故障	□是 □否
行驶里程	km
仪表盘是否有故障警告灯	
检查车辆外观状态	

2. 根据任务描述中车辆的情况明确本次工作任务，并分析完成本次工作任务所需要掌握的知识点有哪些？

三、任务资讯

1. 电机控制器组成

电机控制器作为动力系统的控制中心，它由逆变器和控制器两部分组成。逆变器接收动力电池输送过来的直流电电能，逆变成三相交流电给汽车电机提供电源。请画出电机控制器的组成框图。

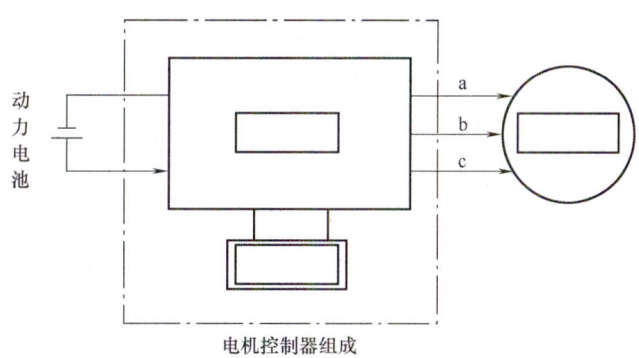

电机控制器组成

2. 逆变器工作原理

逆变器是电机控制器的重要组成部分，请画出最简单的逆变器电路简图，并简单描述逆变器的工作原理。

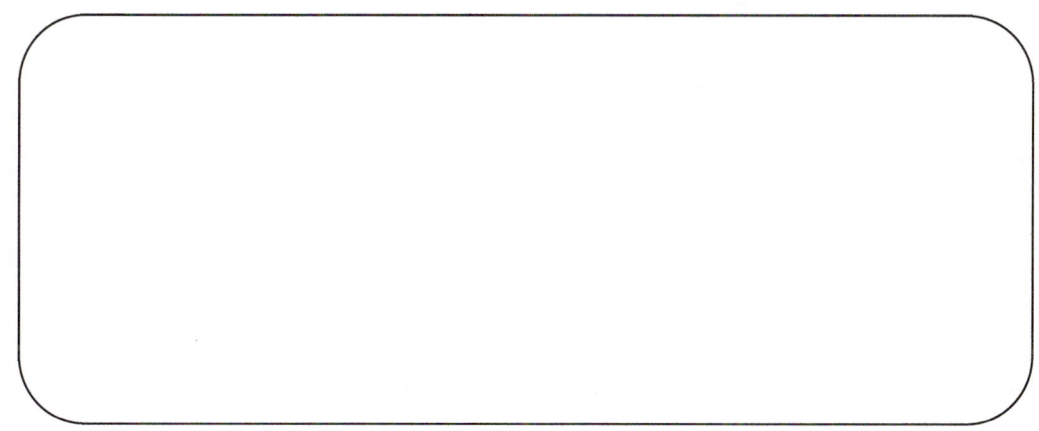

逆变器的工作原理：

3. 整车故障的四级划分

整车控制器根据电机、动力电池、DC/DC 等零部件故障和整车 CAN 网络故障及整车控制器硬件故障进行综合判断，确定整车的故障等级，并进行相应的控制处理。整车的故障等级分为四级。请将整车故障分级表补充完整。

故障等级	名称	故障后处理
1级		电机零转矩，1s 紧急断开高压，系统故障灯亮
2级	严重故障	
3级		进入如跛行工况/降功率，系统故障灯亮
4级	轻微故障	

4. 请根据驱动电机系统的电路图，分析驱动电机系统出现故障的可能原因，写出三个

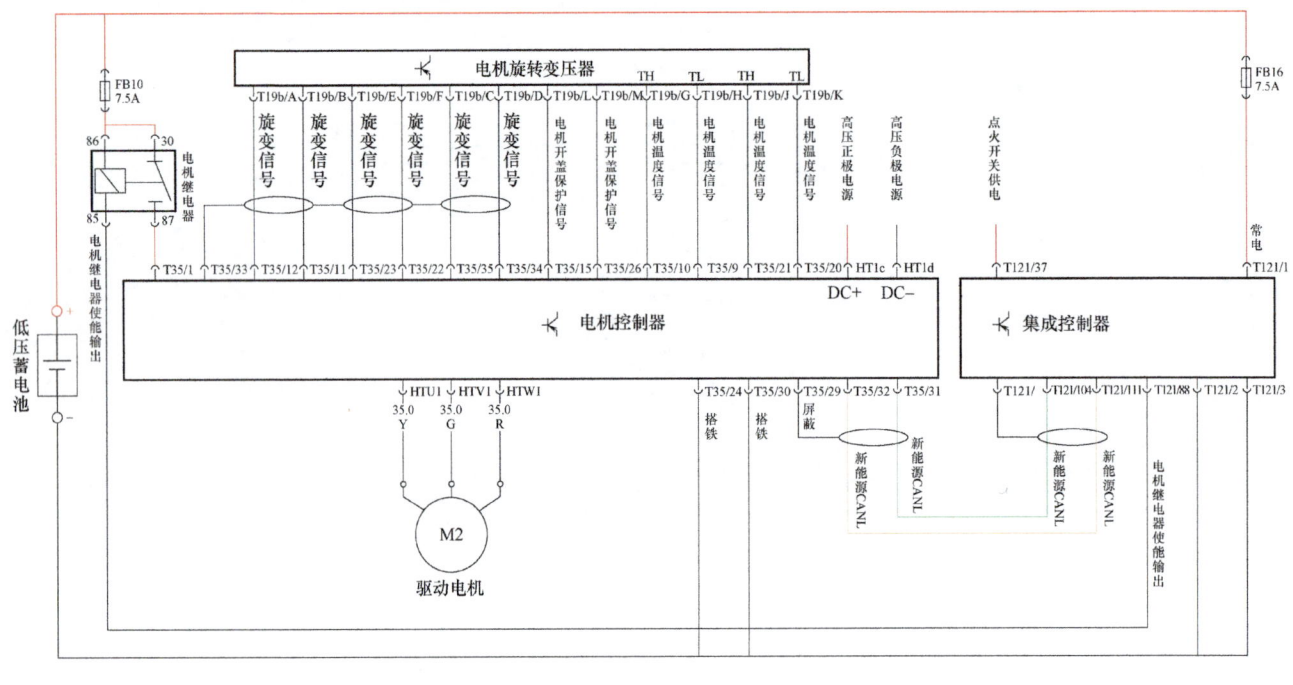

5. 驱动电机低压插接器

下图为北汽 EV160 驱动电机低压插件，请将表格中字母的含义补充完整。

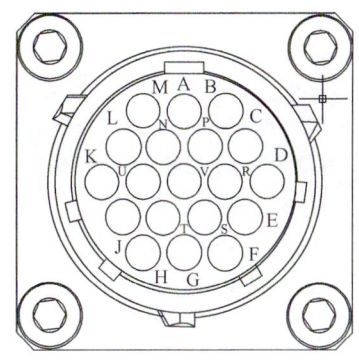

驱动电机低压插接器端子定义表

连接器型号	编 号	信号名称	说 明
Amphenol RTOW01419PN03	A		电机旋转变压器接口
	B	励磁绕组 R_2	
	C		
	D	余弦绕组 S_3	
	E		
	F	正弦绕组 S_4	
	G	TH0	电机温度接口
	H	TL0	
	L		高低压互锁接口
	M	HVIL2（+L2）	

6. 旋转变压器电路故障排除

在电机与控制器低压线束连接正确时，如果出现旋转变压器故障，一般分为两种情况：一种是旋转变压器本身故障，另一种为控制器旋变解码电路故障。不管哪一种故障，都将会导致电机系统无法启动或转矩输出偏小等现象。

请写出旋转变压器的检查项目：

以某车型为例，检查电机旋转变压器是否损坏。首先检查电机控制器与电机连接低压线束无退针与虚接现象，检查电机控制器低压控制插件12V供电是否正常。

1）_____
2）_____
3）_____

阻值超出正常范围，需更换旋转变压器。若阻值正常，则可能是控制器内部旋变解码电路故障，需更换控制器主控板。

7. 驱动电机系统的故障分析

在排除驱动电机系统的故障时，首先使用诊断仪检查故障码，根据故障码的提示分析故障可能原因并进行线路和电气元件的检查。请将驱动电机系统常见故障及排除方案表补充完整。

序 号	故障名称	故 障 码	故障可能原因	解决方法
1	电动控制器直流母线过电压故障	P114017	1）电机系统突然大功率充电 2）高压回路非正常断开	

(续)

序号	故障名称	故障码	故障可能原因	解决方法
2	电动控制器相电流过电流故障	P113119 P113519 P113619 P113719	1) 负载突然变化、旋变信号故障等导致电流畸变，比如动力电池或主继电器频繁通断	检查高压回路
			2) 控制器损坏（硬件故障）	
			3) 控制器采集电压与实际电压不一致	标定电压，刷写控制器程序
3	电机超速故障	P0A4400	1) 整车负载突然降低，电机转矩控制失效	如重新供电不复现，不用处理
			2) 电机低压信号线插头连接松动或者退针	
			3) 控制器损坏（硬件故障）	更换控制器
4	电机过温故障	P0A2F98	1) 电机低压信号线插头连接松动或者退针	检查信号线插头
			2) 冷却系统工作异常	
			3) 电机本体损坏（长时间过载运行）	更换电机
5	电机控制器IGBT过温故障	P117F98 P117098 P117198 P117298	同电机过温	同电机过温
6	电机控制器低压电源欠电压故障	U300316	12V蓄电池电压过低，或者由于35Pin线束原因，控制器低压接口电压过低	
7	与整车控制器通信丢失故障	U010087	1) 未收到整车控制器信号 2) 网络干扰严重 3) 线束问题	检查35Pin线束连接是否正常，检查CAN网络是否BUS OFF，或者更换控制器
8	电机系统高压暴露故障	P0A0A94		刷程序或更换控制器
9	电机（噪声）异响		1) 电磁噪声（高频较尖锐） 2) 机械噪声，可能是来自减速器、悬置、电机本体（轴承）	1) 电磁噪声属正常 2) 排查确定电机本体损坏，更换电机

四、计划决策

> **温馨提示**
>
> 请各小组学习、思考和讨论解决问题的具体工作计划，考虑时间、工具、物料并将流程图画在下面空白处，接下来各组派出代表陈述本组的工作方案。

工作计划流程图

> **温馨提示**
> 各小组对其他组的工作计划进行互评,教师总评,并将评语写在侧面框内。各小组根据教师和各组的评价进行方案优化。

优化后的流程图

工具准备:

序　号	工具名称	工具数量
工具使用规范	请填写工具使用规范	

五、任务实施

1. 对仪器进行检查

请按照规范依次检查仪器,并将检查方法与检查结果填写在下表中。

检查仪器名称	检查方法	是否正常
绝缘手套	请各组同学按下图操作方法检查绝缘手套 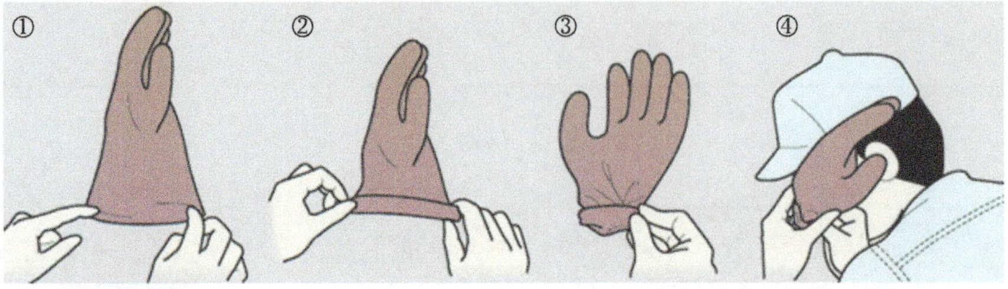 ① ② ③ ④ 检查有无裂缝、损坏	是□否□
举升机		是□否□
诊断仪		是□否□
钳形电流表		是□否□
万用表		是□否□

2. 对电机系统进行测试

(1) 测试北汽新能源电机控制器插件端子

根据电路图及电机控制器端子定义进行测试。

电机控制器	编号	信号名称	说明
低压插件部分端子定义	12	励磁绕组 R_1	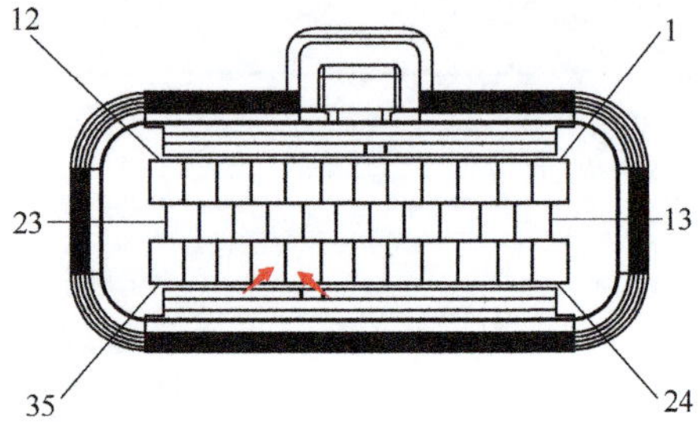
	11	励磁绕组 R_2	
	35	余弦绕组 S_1	
	34	余弦绕组 S_3	
	23	正弦绕组 S_2	
	22	正弦绕组 S_4	
	33	屏蔽层	
	24	12V_GND	
	1	12V +	
	26	HVIL2(+I2)	控制电源接口

测量以下电量

序号	测试的项目	测试值	正确的范围值	是否合格
1	电源电压	____ V		是□否□
2	励磁绕组阻值	____ Ω		是□否□
3	余弦绕组阻值	____ Ω		是□否□
4	正弦绕组阻值	____ Ω		是□否□
5	电机温度传感器阻值	____ Ω		是□否□

(2) 对电机旋变插件端子测试

插接器型号	编 号	信号名称	说 明
旋转变压器插接器端子定义	A	励磁绕组 R_1	电机旋转变压器接口
	B	励磁绕组 R_2	
	C	余弦绕组 S_1	
	D	余弦绕组 S_3	
	E	正弦绕组 S_2	
	F	正弦绕组 S_4	
	G	TH0	电机温度接口
	H	TL0	

测试下表中的项目

序 号	测试的项目	测 试 值	正确的范围值	是 否 合 格
1	电源电压	_____V		是□否□
2	励磁绕组阻值	_____Ω		是□否□
3	余弦绕组阻值	_____Ω		是□否□
4	正弦绕组阻值	_____Ω		是□否□
5	电机温度传感器阻值	_____Ω		是□否□

(3) 测试电机控制器的输出

下图为车辆在某一状态使用钳形电流表检查电机的输出信号。请参考对电机的输出进行测试。

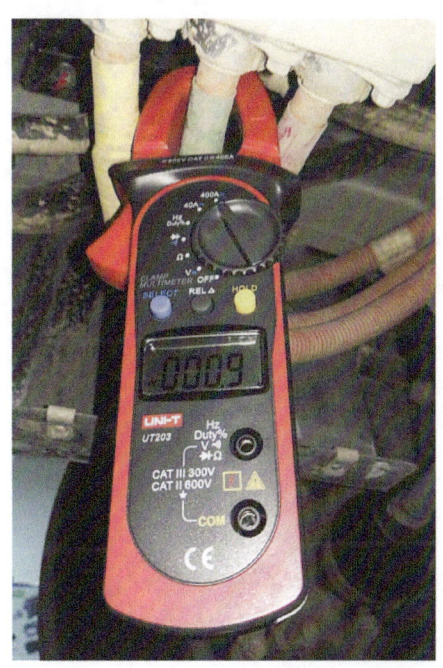

序　号	测试的项目	测　试　值	正确的范围值	是 否 合 格
1	举升车辆	—	—	是□否□
2	连接钳形电流表	—	—	是□否□
3	选择电流表合适的量程			是□否□
4	使电流表的表钳夹住电机控制器的三相输出的一端	—	—	是□否□
5	观察电流表的读数			是□否□
6	将车辆挂上 D 位运行 30km/h，观察电流表的读数			是□否□
7	将车辆挂上 R 位运行 10km/h，观察电流表的读数			是□否□
8	完成测试，整理工具	—	—	是□否□

六、任务检查与评价

1. 请进行必要的最终检查和"6S"管理
2. 请根据实施过程进行总结并完善改进工作计划

总结内容和改进工作计划：
_____
_____

3. 学生填写自评表

要求每一个小组学生派代表上讲台讲述小组的学习成果和经验收获。

课堂小组经验分享记录

4. 教师填写总评表

老师评价结果记录

学习情景5

充电系统结构原理与检修

- 检修快充系统
  - 快充系统的结构组成
  - 快充系统的工作原理
  - 快充系统常见故障排除
- 检修直流高压转低压故障
  - 高低压直流电转换系统
  - DC/DC变换技术
  - DC/DC转换器
  - 更换DC/DC转换器
  - 某车型上DC/DC转换器作原理
  - 高压转低压系统常见故障排除
- 检修慢充系统
  - 慢充系统的结构组成
  - 慢充系统的工作原理
  - 慢充系统控制策略及流程
  - 慢充系统充电条件
  - 慢充系统常见故障排除

学习任务 1　检修快充系统故障

一、任务描述

客户委托：排除"快充桩与车辆无法通信"故障

小王最近正在四处看房，刚接到中介公司的电话，说是有新登记的一处房源特别不错，有时间的话可以看看房。小王一听顿时来了精神，拿起车钥匙下了楼，可是看着 40% 的剩余电量小王不禁失望起来，于是赶快将车开到就近的充电站进行快充，结果不凑巧的事情又发生了：快充桩与车辆无法通信，小王又重复操作了几次，均存在同样的问题，于是将车开往 4S 店进行维修。

教师协助学生分析工作任务，运用问题引导方法：

1. 你所面对的是什么类型的车辆？

2. 你在任务中的角色是什么？

3. 你的工作任务是什么？

4. 传统汽车补充能量需要加油，电动汽车如何补充续航里程呢？

5. 电动汽车的充电方式都有哪些？

二、任务分析

1. 请检查并记录车辆使用情况

检查项目	状态记录
周期维护灯亮起	□是 □否
行驶里程	km
上次维护时间	
检查车辆外观状态	

2. 根据任务描述中车辆的情况明确本次工作任务，并分析完成本次工作任务所需要掌握的知识点有哪些？

三、任务资讯

1. 快充系统

1）充电系统可分为_____和_____两种方式。

2）快充系统一般使用工业_____V 三相电，通过功率变换后，直接将高压大电流通过动力电池高压电缆给动力电池充电。

3）根据快充系统充电流程，在空白处填上相应的部件名称。

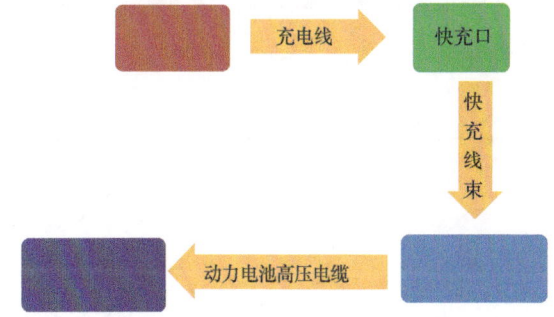

2. 请写出快充口各端子的含义。

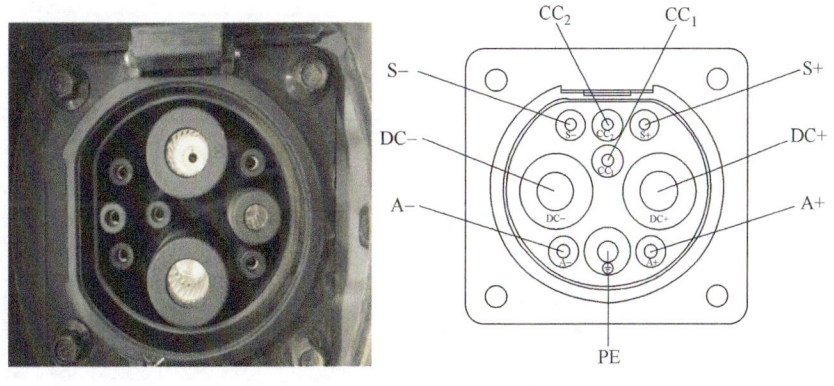

DC-: _____
DC+: _____
PE: _____
A-: _____
A+: _____
CC$_1$: _____
CC$_2$: _____
S+: _____
S-: _____

3. 高压控制盒内部结构

高压控制盒内有_____控制板、_____熔断器、_____熔断器、_____熔断器、_____熔断器和_____继电器等。

4. 高低压互锁信号线路

互锁电路的作用是_____
_____。

四、计划决策

> 温馨提示
>
> 请各小组学习、思考和讨论解决问题的具体工作计划，考虑时间、工具、物料并将流程图画在下面空白处，接下来各组派出代表陈述本组的工作方案。

工作计划流程图

> 温馨提示
>
> 各小组对其他组的工作计划进行互评，教师总评，并将评语写在侧面框内。各小组根据教师和各组的评价进行方案优化。

优化后的流程图

各小组组长确定每一位学生的学习角色，对小组任务进行分配。组员按组长的要求完成相关任务内容，并将自己所在小组及个人任务内容填入表中。

课堂任务：

序　号	成员角色、任务分配	负　责　人

工具准备：

序　号	工　具　名　称	工　具　数　量
工具使用规范	请填写工具使用规范	

五、任务实施

1. 对仪器进行检查

请按照规范依次检查仪器，并将检查方法与检查结果填写在下表中。

检查仪器名称	检查方法	是否正常
绝缘手套	请各组同学按下图操作方法检查绝缘手套 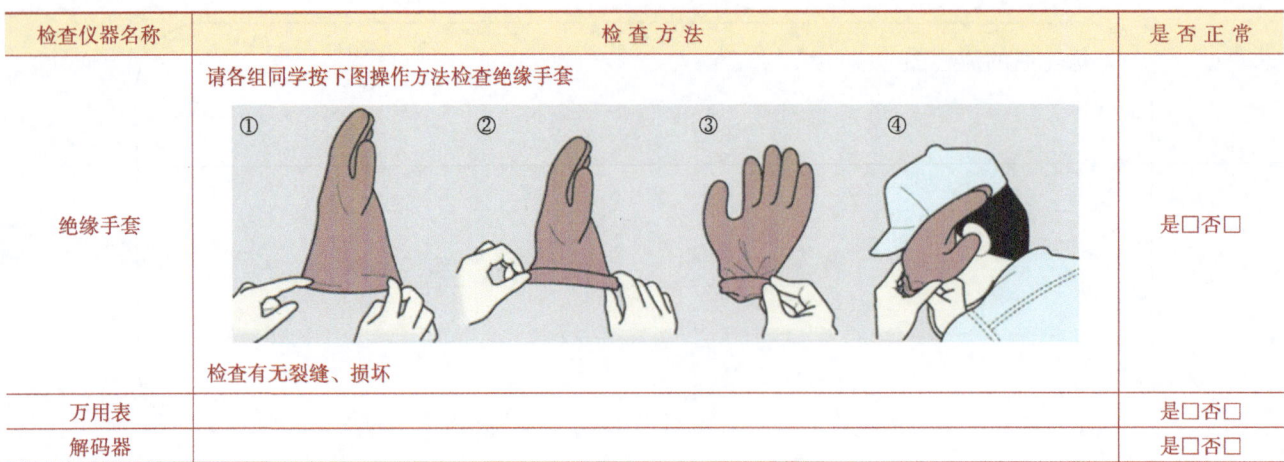 检查有无裂缝、损坏	是□ 否□
万用表		是□ 否□
解码器		是□ 否□

2. 操作过程（以 EV200 轿车为例）

（1）查阅电路图

查阅维修手册，快充系统的电路原理图如下图所示。

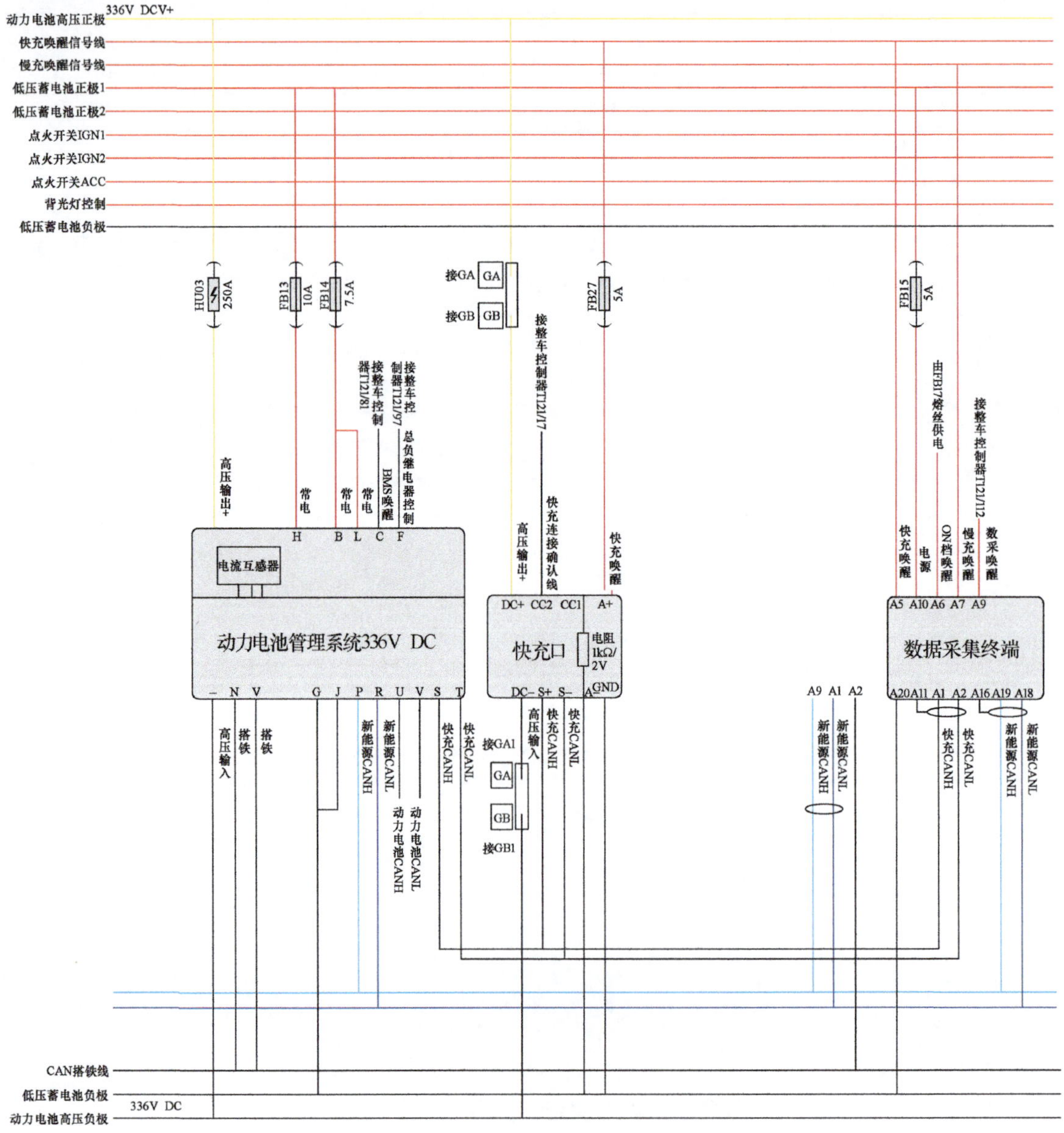

(2) 检查快充桩与快充口连接是否良好

1) 检查车辆快充接口各连接端子有无损坏，_____。

2) 检查快充口和快充枪有无烧蚀和锈蚀现象，_____。

3) 用万用表测量快充口 PE 与车身搭铁阻值为_____Ω（标准值为 0.5Ω 以下），若阻值与标准值不符，则更换快充线束。

4) 用万用表测量快充口 CC_1 与 PE 之间的阻值为_____Ω（标准值为 1000Ω±50Ω），若阻值与标准值不符，则更换快充线束。

(3) 检测充电唤醒信号是否正常　充电未唤醒的检查。

1) 用万用表测量发动机舱低压电器盒内的 FB27 熔丝是否导通，_____，若不导通，则更换熔丝。

2) 用万用表测量熔丝 FB27 供电电压为_____V（标准值为 12V），无电压，则断开充电枪继续检查充电线束。

3) 用万用表测量快充口 A+ 与快充线束整车低压线束插件 A+ 之间的阻值为_____Ω（标准值为 0.5Ω 以下），若阻值与标准值不符，则修复或更换快充线束。

4) 用万用表测量快充口 A+ 与发动机舱低压电器盒 16 芯绿色插件 A5 之间的阻值为_____Ω（标准值为 0.5Ω 以下），若不导通，修复或更换快充线束；如导通并插件端子良好而 FB27 熔丝没有唤醒电压，则更换发动机舱低压电器盒。

5) 测量发动机舱低压电器盒 FB27 熔丝和背面的 J8/A7 和 J11/A10 是否导通，_____，不导通则更换发动机舱低压电器盒，导通则对快充线束整车低压线束继续检测。

6) 测量发动机舱低压电器盒红色 16 芯插件 J8 的 A7 针和整车控制器插件 T121/105 端子是否导通，_____，不导通则修复或更换线束。

7) 测量发动机舱线束低压电器盒连接插件 J11 的 A10 针与组合仪表的 32 芯插件的 4 针是否导通，_____，不导通检查线束，导通检查仪表。

(4) 检查车辆端连接确认信号是否正常

如快充唤醒信号及相关线束都正常，车辆仍旧不能通信连接，则对车辆端连接确认信号进行检测。

1) 测量快充口 CC_2 与快充线束整车低压线束插件 CC_2 是否导通，_____，如不导通，修复或更换快充线束。

2) 测量快充线束整车低压线束插件 CC_2 与整车控制器插件的 17 针之间的阻值为_____Ω（标准值为 0.5Ω 以下），如不符合标准，修复或更换快充线束。

3) 对车辆进行快充测试，不能通信连接继续检测，关闭点火开关，测量快充口 S- 与快充线束整车低压线束插件 S- 之间的阻值为_____Ω（标准值为 0.5Ω 以下），如不符合标准，修复或更换快充线束。

4) 测量快充口 S+ 与快充线束整车低压线束插件 S+ 之间的阻值为_____Ω（标准值为 0.5Ω 以下），如不符合标准，修复或更换快充线束。

5) 测量快充线束 S+ 与 S- 之间的阻值应为_____Ω（标准值为 60Ω±5Ω），如果不符则根据电路图继续检测。

6) 测量快充线束整车低压线束插件 S- 与动力电池低压插件 T 针之间的阻值为_____Ω（标准值为 60Ω±5Ω），如不符合标准，修复或更换线束总成。

7) 测量快充线束整车低压线束插件 S- 及数据采集终端插件 2 针之间的阻值为_____Ω（标准值为 0.5Ω 以下），如不符合标准，修复或更换线束总成。

8) 测量快充线束整车低压线束插件 S+ 与动力电池低压插件 S 针之间的阻值为_____Ω（标准值

为 0.5Ω 以下），如不符合标准，修复或更换线束总成。

9）测量快充线束整车低压线束插件 S + 及数据采集终端插件 1 针之间的阻值为_____Ω（标准值为 0.5Ω 以下），如不符合标准，修复或更换线束总成。

10）测量结果不在 60Ω±5Ω 范围内，断开快充线束与数据终端和动力电池低压插件，测量快充线束整车低压线束插件 S + 与 S – 之间的阻值为_____Ω（标准值为无穷大）。

11）测量动力电池快充 CAN 总线间的电阻为_____Ω（标准值应为 120Ω），如不符合标准，联系动力电池厂家售后人员进行维修。

12）测量数据采集终端快充 CAN 总线间的电阻为_____Ω（标准值应为 120Ω），如不符合标准，更换数据采集终端。

六、任务检查与评价

1. 请进行必要的最终检查和"6S"管理
2. 请根据实施过程进行总结并完善改进工作计划

总结内容和改进工作计划：
_____
_____

3. 学生填写自评表

要求每一个小组学生派代表上讲台讲述小组的学习成果和经验收获。

课堂小组经验分享记录

4. 教师填写总评表

老师评价结果记录

学习任务 2　检修慢充系统故障

一、任务描述

客户委托：排除"车载充电机与充电桩连接"故障

小李在北京上班，想买一辆车作为代步工具，苦于一直没有摇上号而无法购车，听说买新能源汽车中签率较高，于是他果断下手购入一辆 EV200。一天，小李接到朋友电话约他第二天外出游玩，于是他兴冲冲地开着爱车去充电，可是操作了几次也没有成功，系统提示车载充电机与充电桩连接故障，小李只好将爱车开往附近的 4S 店进行维修。

教师协助学生分析工作任务，运用问题引导方法：

1. 你所面对的是什么类型的车辆？

2. 你在任务中的角色是什么？

3. 你的工作任务是什么？

4. 快充系统对动力电池有何危害？

5. 慢充系统的充电时长一般为多长？

二、任务分析

1. 请检查并记录车辆使用情况

检查项目	状态记录
周期维护灯亮起	□是 □否
行驶里程	km
上次维护时间	
检查车辆外观状态	

2. 根据任务描述中车辆的情况明确本次工作任务，并分析完成本次工作任务所需要掌握的知识点有哪些？

三、任务资讯

1. 慢充系统

1）慢充系统使用交流_____V 单相民用电，通过_____整流变换，将交流电变换为高压直流电给动力电池供电。

2）根据慢充系统充电流程，在空白处填上相应的部件名称。

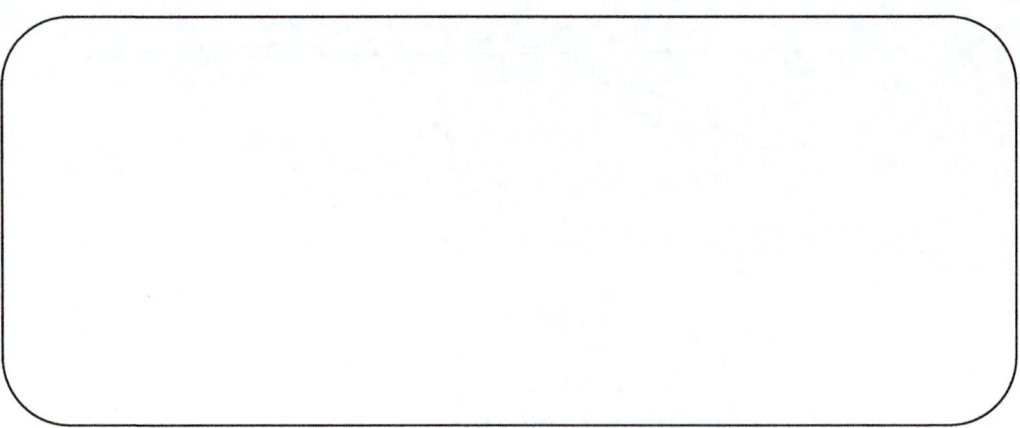

2. 慢充线束

写出慢充口各端子的含义。

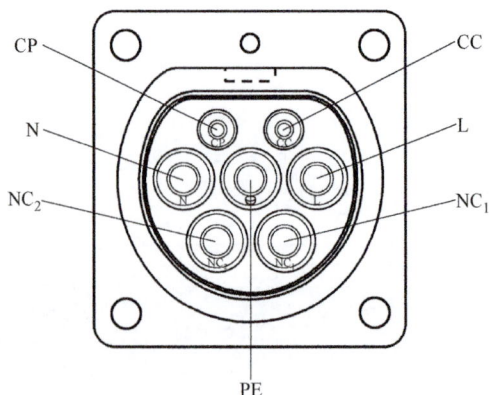

CP：_____

CC：_____
N：_____
L：_____
PE：_____

3. 车载充电机

1）车载充电机的作用是将输入的_____V 交流电转换为动力电池所需的 290~410V 高压直流电，实现动力电池电量的补给，工作过程中需要协调_____、_____等部件。车载充电机有_____和_____两种冷却形式。

2）车载充电机上共有三个指示灯：

POWER 灯：_____
RUN 灯：_____
FAULT 灯：_____

4. 充电过程

整个充电过程归纳为以下六个阶段：

_____、_____、_____、_____、_____和_____。

四、计划决策

> **温馨提示**
>
> 请各小组学习、思考和讨论解决问题的具体工作计划，考虑时间、工具、物料并将流程图画在下面空白处，接下来各组派出代表陈述本组的工作方案。

工作计划流程图（可用图表或思维导图）

> **温馨提示**
>
> 各小组对其他组的工作计划进行互评，教师总评，并将评语写在侧面框内。各小组根据教师和各组的评价进行方案优化。

优化后的流程图

各小组组长确定每一位学生的学习角色，对小组任务进行分配。组员按组长的要求完成相关任务内容，并将自己所在小组及个人任务内容填入表中。

课堂任务：

序　号	成员角色、任务分配	负　责　人

工具准备：

序　号	工具名称	工具数量
工具使用规范	请填写工具使用规范	

五、任务实施

1. 对仪器进行检查

请按照规范依次检查仪器，并将检查方法与检查结果填写在下表中。

检查仪器名称	检查方法	是否正常
绝缘手套	请各组同学按下图操作方法检查绝缘手套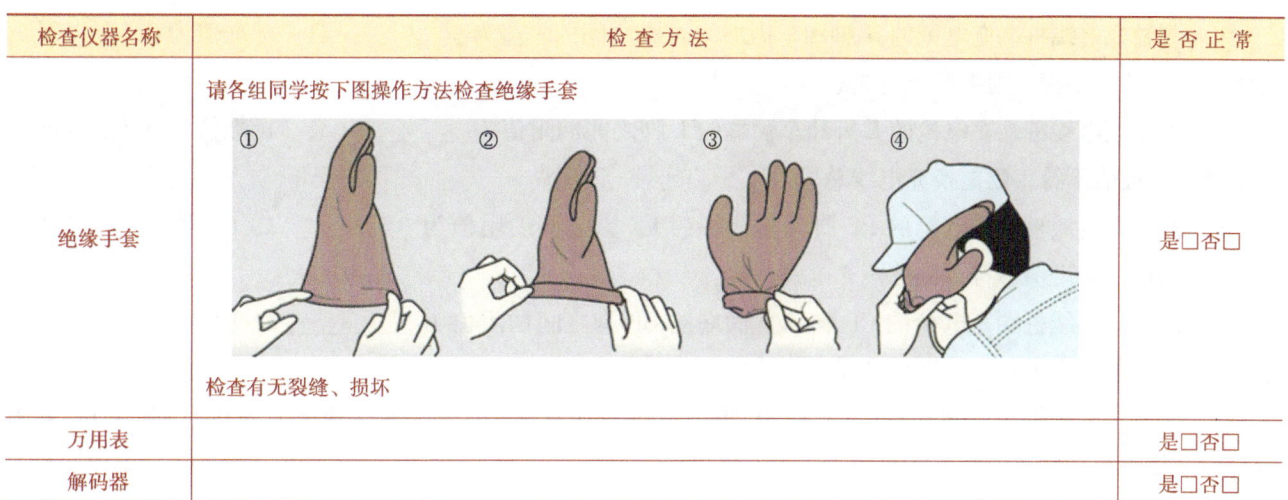检查有无裂缝、损坏	是□否□
万用表		是□否□
解码器		是□否□

2. 操作过程（以 EV200 轿车为例）

（1）查阅电路图

查阅维修手册，慢充系统的原理图如下图所示。

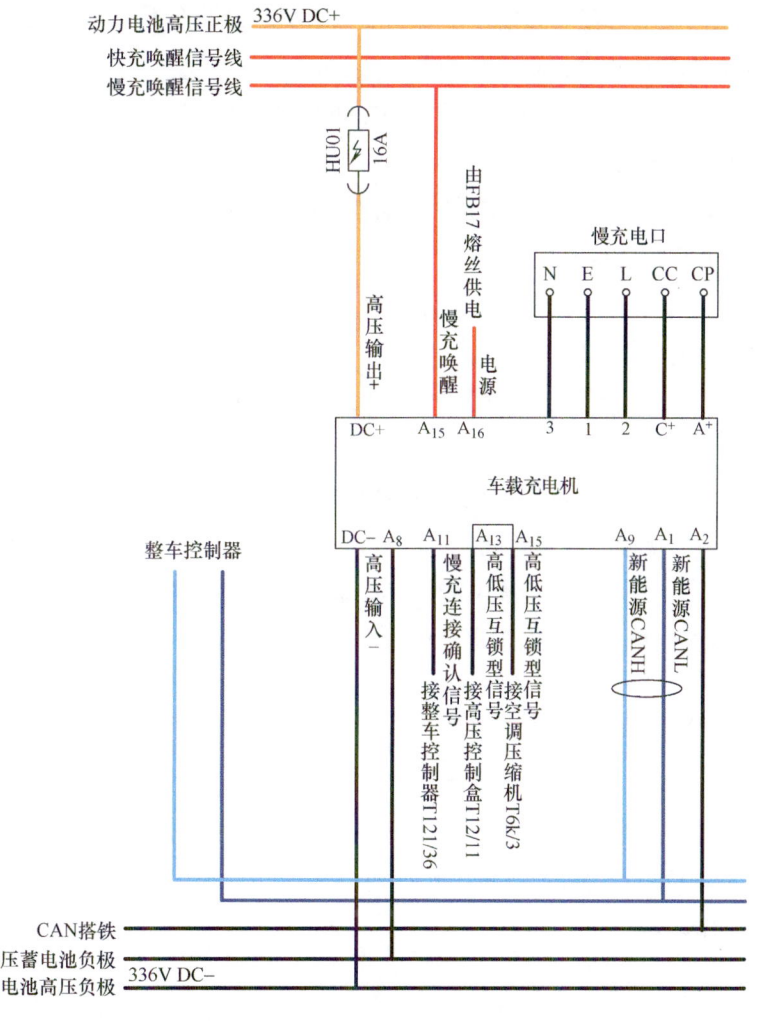

（2）检查慢充桩与慢充口连接是否良好

检查车载充电机，发现三个指示灯都不亮。

1）测量充电线桩端充电枪的 N 脚和车辆端的 N 脚之间的阻值为_____Ω（标准值为 0.5Ω 以下）；若阻值与标准值不符，则更换充电线总成。

2）测量充电线桩端充电枪的 L 脚和车辆端的 L 脚之间的阻值为_____Ω（标准值为 0.5Ω 以下）；若阻值与标准值不符，则更换充电线总成。

3）测量充电线桩端充电枪的 PE 脚和车辆端的 PE 脚之间的阻值为_____Ω（标准值为 0.5Ω 以下）；若阻值与标准值不符，则更换充电线总成。

4）测量充电线桩端充电枪的 CP 脚和车辆端的 CP 脚之间的阻值为_____Ω（标准值为 0.5Ω 以下）；若阻值与标准值不符，则更换充电线总成。

5）测量充电线桩端充电枪的 CC 脚和 PE 脚之间的阻值为_____Ω（标准值为 0.5Ω 以下）；若阻值与标准值不符，则更换充电线总成。

6）测量充电线车辆端充电枪的 CC 脚和 PE 脚的阻值，16A 充电线阻值为_____Ω［标准值为 $680\times(1\pm3\%)$ Ω］，32A 充电线阻值为_____Ω［标准值为 $220\times(1\pm3\%)$ Ω］，若阻值与标准值不符，则更换充电线总成。

（3）检查慢充口与车载充电机连接是否良好。

排除充电桩-充电线问题后，启动充电，车载充电机指示灯仍旧都不亮的，检查慢充线束及车载充电机。

1）检查插件端子有无烧蚀和虚接现象，_____。

2）测量充电口 L 脚与充电线束充电机插件 1 脚之间的阻值为_____Ω（标准值为 0.5Ω 以下）；若阻值与标准值不符，则更换慢充线束总成。

3）测量充电口 N 脚与充电线束充电机插件 1 脚之间的阻值为_____Ω（标准值为 0.5Ω 以下）；若阻值与标准值不符，则更换慢充线束总成。

4）测量充电口 PE 脚与充电线束充电机插件 3 脚之间的阻值为_____Ω（标准值为 0.5Ω 以下）；若阻值与标准值不符，则更换慢充线束总成。

5）测量充电口 CC 脚与充电线束充电机插件 5 脚之间的阻值为_____Ω（标准值为 0.5Ω 以下）；若阻值与标准值不符，则更换慢充线束总成。

6）测量充电口 CP 脚与充电线束充电机插件 6 脚之间的阻值为_____Ω（标准值为 0.5Ω 以下）；若阻值与标准值不符，则更换慢充线束总成。

7）慢充线束检查完毕，恢复好进行充电测试，如果车载充电机的指示灯还都不亮，则更换车载充电机。

8）当该车更换车载充电机后，充电正常，故障排除。

六、任务检查与评价

1. 请进行必要的最终检查和"6S"管理
2. 请根据实施过程进行总结并完善改进工作计划

总结内容和改进工作计划：

_____

_____

3. 学生填写自评表

要求每一个小组学生派代表上讲台讲述小组的学习成果和经验收获。

课堂小组经验分享记录

4. 教师填写总评表

老师评价结果记录

学习任务 3　检修直流高压转低压故障

一、任务描述

客户委托：排除"仪表报蓄电池故障"

小王带着家人去郊区度假，车子开到半路，仪表报蓄电池故障，小王赶紧给 4S 店工作人员打电话，恰巧附近有一个 4S 店，于是小王赶紧将车开过去，维修人员接待了小王，详细询问车辆故障现象及故障发生的过程，了解客户需求后，展开维修工作。

教师协助学生分析工作任务，运用问题引导方法：

1. 你所面对的是什么类型的车辆？

2. 你在故事中的角色是什么？

3. 你的工作任务是什么？

4. 纯电动汽车上有 12V 蓄电池吗？

5. 哪个部件将动力电池的高压电转换为蓄电池的低压电？

二、任务分析

1. 请检查并记录车辆使用情况

检查项目	状态记录
周期维护灯亮起	□是 □否
行驶里程	km
上次维护时间	
检查车辆外观状态	

2. 根据任务描述中车辆的情况明确本次工作任务，并分析完成本次工作任务所需要掌握的知识点有

哪些？

三、任务资讯

1. 高低压直流电转换系统

1）蓄电池 12V 低压直流电由动力电池的 290～420V 高压直流电经过_____转换而来，此系统称为高低压直流电转换系统。

2）根据高低压直流电转换工作流程，在空白处填上相应的部件名称。

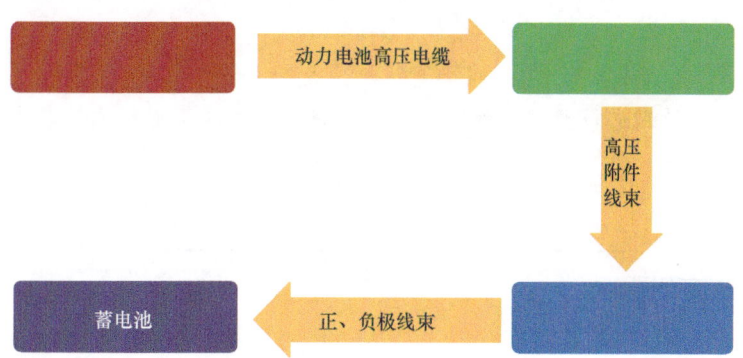

2. DC/DC 变换技术

目前 DC/DC 变换中基本使用_____技术，基本原理是通过开关管把直流电斩成_____，通过调节_____（脉冲宽度与脉冲周期之比）来调节输出电压，对输入电压变化也可调节脉宽来进行补偿，所以稳压范围宽。

3. 判断 DC/DC 转换器是否工作的方法

1）使用专用万用表电压档位测量低压蓄电池的电压，如果数值在 13.8～14V（关闭车上的用电设备的情况下）范围内，判断为 DC/DC _____。

2）如果 DC/DC 测量值低于规定值，可能存在以下几个原因：
_____
_____
_____

四、计划决策

> **温馨提示**
>
> 请各小组学习、思考和讨论解决问题的具体工作计划，考虑时间、工具、物料并将流程图画在下面空白处，接下来各组派出代表陈述本组的工作方案。

工作计划流程图

> **温馨提示**
>
> 各小组对其他组的工作计划进行互评，教师总评，并将评语写在侧面框内。各小组根据教师和各组的评价进行方案优化。

优化后的流程图

各小组组长确定每一位学生的学习角色，对小组任务进行分配。组员按组长的要求完成相关任务内容，并将自己所在小组及个人任务内容填入表中。

课堂任务：

序 号	成员角色、任务分配	负 责 人

工具准备：

序 号	工具名称	工具数量
工具使用规范	请填写工具使用规范	

五、任务实施

1. 对仪器进行检查

请按照规范依次检查仪器，并将检查方法与检查结果填写在下表中。

检查仪器名称	检查方法	是否正常
绝缘手套	请各组同学按下图操作方法检查绝缘手套 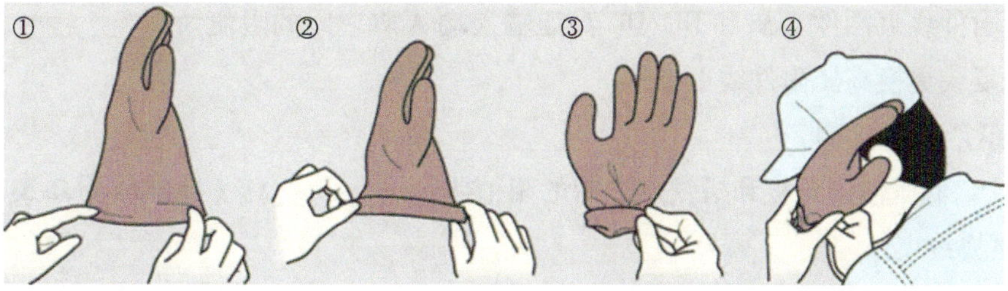 ①　②　③　④ 检查有无裂缝、损坏	是□否□
万用表		是□否□
解码器		是□否□

2. 操作过程（以 EV200 轿车为例）

(1) 查阅电路图

查阅维修手册，高压转低压系统的原理图如下图所示。

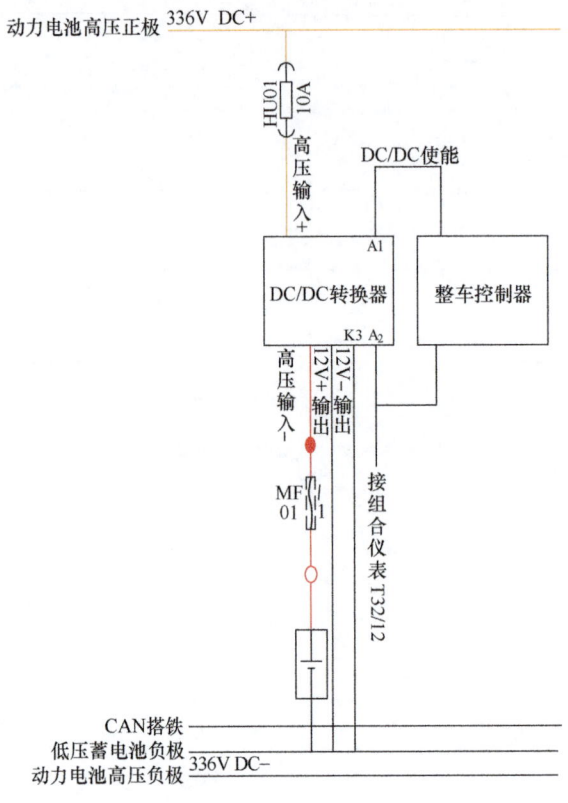

(2) DC/DC 高压系统检测

1）检查高压控制盒 DC/DC 熔断器是否正常，_____
_____。

2）测量高压控制盒动力电池线束插件 A 脚和高压附件线束插件 G 脚之间的阻值为_____Ω（标准值为 0.5Ω 以下），否则，修复或更换高压控制盒。

3）测量高压控制盒动力电池输入插件 B 脚和高压附件线束插件 A 脚之间的阻值为_____Ω（标准值为 0.5Ω 以下），否则，修复或更换高压控制盒。

4）测量高压附件线束插件 A 脚和 DC/DC 高压输入端 B 脚之间的阻值为_____Ω（标准值为 0.5Ω 以下），否则，修复或更换高压附件线束。

5）测量高压附件线束插件 G 脚和 DC/DC 高压输入端 A 脚之间的阻值为_____Ω（标准值为 0.5Ω 以下），否则，修复或更换高压附件线束。

(3) DC/DC 低压系统检测

1）测量 DC/DC 低压输出负极和搭铁点之间的阻值为_____Ω（标准值为 0.5Ω 以下），如不符合标准进行修复或更换线束。

2）测量 DC/DC 低压输出正极和总熔丝盒 DC/DC 熔丝 MF01 之间的阻值为_____Ω（标准值为 0.5Ω 以下），如不符合标准进行修复或更换线束。

3）检查主熔丝是否正常，_____。

4）检测使能信号线，测量 DC/DC 低压控制插件的 A 脚和整车控制器 V_{62} 脚之间的阻值为_____Ω

（标准值为0.5Ω以下），如不符合标准进行修复或更换线束。

5）检测故障信号线，测量DC/DC低压控制插件的B脚和整车控制器V_{23}脚之间的阻值为_____Ω（标准值为0.5Ω以下），如不符合标准进行修复或更换线束。

6）测量DC/DC低压控制插件的C脚和整车控制器V_{23}脚之间的阻值为_____Ω（标准值为0.5Ω以下），如不符合标准进行修复或更换线束。

7）检测使能信号，当车辆正常起动后，检查DC/DC低压控制插件的A脚电压为_____V（标准值为12V），如没有电压，检查整车控制器，必要时进行更换。

（4）通过诊断系统检测

1）连接诊断仪，进入EV200车型整车控制系统界面，读取故障码为_____。读取数据流，选择供电电压，进行路试，读取并保持供电电压为_____（标准值为14V左右）。

2）车辆开启全部用电设备，原地测试10min左右并进行记录，数据波形电压稳定在_____V（标准值为13.5V左右）。

3）挂档行车路试，提高车速，供电电压波动最高时为_____V（标准值大于2V），最低时为_____（整车报警值为12V），若报故障，应与驱动系统干扰有关。

4）更换驱动电机后继续路试，输出电压为_____V（正常值为13.6V）。

六、任务检查与评价

1. 请进行必要的最终检查和"6S"管理
2. 请根据实施过程进行总结并完善改进工作计划

总结内容和改进工作计划：

_____

_____

3. 学生填写自评表

要求每一个小组学生派代表上讲台讲述小组的学习成果和经验收获。

课堂小组经验分享记录

4. 教师填写总评表

老师评价结果记录

学习情景6

辅助系统结构原理与检修

- 电动助力转向系统的概述
- 电动助力转向系统的组成及分类
- 电动助力转向系统关键部件的结构及工作原理
- 电动助力转向系统接插件各端子的定义
- 电动助力转向系统的工作原理
- 电动助力转向系统常见故障的检测

→ **检修电动助力转向系统(EPS)故障**

- 汽车制动系的作用及要求
- 汽车制动系的组成
- 制动系统典型故障的诊断与排除

→ **检修制动系统故障**

辅助系统结构原理与检修

- 空调制冷系统的组成
- 空调送风系统
- 空调采暖系统
- 电动空调的控制原理
- 排除空调系统故障

→ **检修电动空调系统故障**

- 冷却系统的作用
- 冷却系统的结构组成
- 冷却系统冷却路径
- 冷却系统控制策略
- 冷却系统的检查与加注
- 冷却系统常见故障及诊断

→ **检修冷却系统故障**

学习任务 1　检修制动系统故障

一、任务描述

客户委托：更换电动真空泵

车主小王的纯电动汽车 EV200 在使用 8 个月后，最近在行车过程中仪表偶尔显示制动故障，从购车至今没有维修保养记录。

1. 你所面对的是什么类型的车辆？
_____

2. 你在任务中的角色是什么？
_____

3. 你的工作任务是什么？
_____

二、任务分析

1. 请检查并记录车辆使用情况

检查项目	状态记录
周期维护灯亮起	□是 □否
行驶里程	km
上次维护时间	
检查车辆外观状态	

2. 根据任务描述中车辆的情况明确本次工作任务，并分析完成本次工作任务所需要掌握的知识点有哪些？

三、任务资讯

1. 汽车制动系统的作用

汽车制动系统是指在汽车上设置的一套（或多套）由驾驶人控制的，能产生与汽车行驶方向_____的外力装置。其作用是使行驶中的汽车按照驾驶人的要求进行适时的_____、_____或_____，以及保持汽车下坡行驶的稳定速度。

2. 汽车制动系统的组成

1）一般的电动汽车制动系统与传统汽车制动系统类似，主要由_____、制动压力调节装置 ABS 和_____等部分组成。

2）_____是产生车辆的运动或运动趋势的力（制动力）的部件。目前汽车所用的摩擦制动器可分为_____和_____两大类。

3）ABS 是制动防抱死系统（Antilock Brake System）的简称，它就是在汽车制动时，自动控制_____，使车轮不被_____，处于_____（滑移率在 20% 左右）的状态，以保证车轮与地面的附着力在_____。

4）纯电动汽车的真空由一套专用的真空装置提供，主要由_____和_____组成。

5）当驾驶人起动汽车时，12V 电源接通，电子控制装置系统模块开始自检，如果真空罐内的真空度_____设定值（50kPa）后，真空压力传感器输出相应电压值至控制器，此时控制器控制电动真空泵开始_____，当真空度达到设定值后，真空压力传感器输出相应电压值至控制器，此时控制器控制真空泵停止工作，当真空罐内的真空度因制动消耗，真空度_____设定值（50kPa）时，电动真空泵再次开始工作，如此循环。

6）请在下面的方框中画出电动真空泵工作原理图。

7）当接通电源后，真空度抽到上限设定值电机不停转，请分析故障原因。
_____
_____
_____
_____

8）请分析真空助力系统中真空压力开关不能正常开启和断开的原因。
_____
_____
_____
_____
_____

四、计划决策

> 温馨提示
>
> 请各小组学习、思考和讨论解决问题的具体工作计划，考虑时间、工具、物料并将流程图画在下面空白处，接下来各组派出代表陈述本组的工作方案。

工作计划流程图

> 温馨提示
>
> 各小组对其他组的工作计划进行互评，教师总评，并将评语写在侧面框内。各小组根据教师和各组的评价进行方案优化。

优化后的流程图

工具准备：

序　号	工　具　名　称	工　具　数　量
工具使用规范	请填写工具使用规范	

五、任务实施

1. 对仪器进行检查

请按照规范依次检查仪器，并将检查方法与检查结果填写在下表中。

检查仪器名称	检查方法	是否正常
绝缘手套	请各组同学按下图操作方法检查绝缘手套 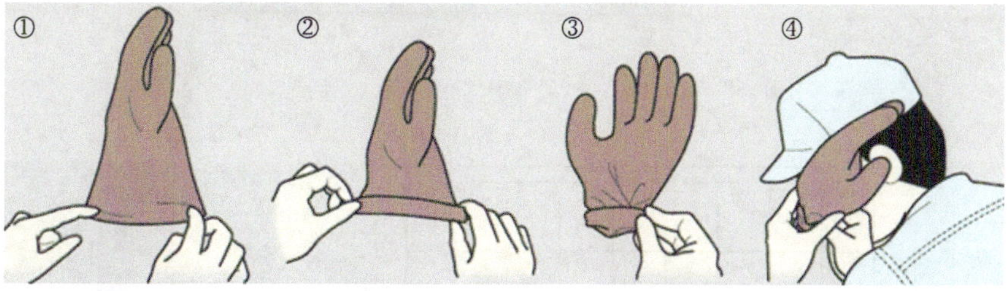 ① ② ③ ④ 检查有无裂缝、损坏	是□否□
举升机		是□否□
万用表		是□否□
其他仪器		是□否□

2. 操作过程

（1）根据电路原理图检查电动真空泵电机的供电是否正常

1）检查发动机舱电器盒是否损坏，如损坏则更换。

2）检查发动机舱电器盒线束插件是否接触不良。

3）检查发动机舱电器盒真空泵电机熔丝 30A 是否接触不良，位置如下图。

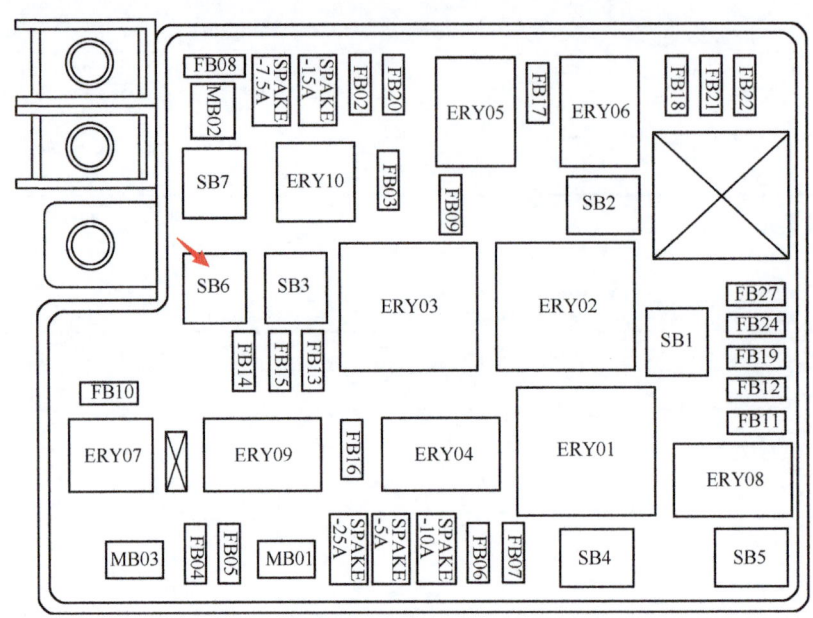

4）使用万用表测量发动机舱电器盒真空泵电机熔丝_____（30A）是否烧损，如果损坏，更换处理；否则测整车控制器的 4 脚是否有 12V 电压。如无则整车控制器线束损坏，更换该线束。检测结果：_____。

（2）如供电正常则检查真空压力传感器是否正常

1）检查传感器与整车控制器之间的线束是否正常。

① 使用万用表测量真空压力传感器插件第____脚到整车控制器线束端 121 芯插件（B）____脚线束针脚供电是否导通，下图所示为压力传感器电源线测量图。检测结果：_____。

② 使用万用表测量真空压力传感器插件第____脚到整车控制器线束端81芯插件（A）____脚线束针脚搭铁线是否导通，下图所示为压力传感器搭铁线测量图。检测结果：_____。

③ 使用万用表测量真空压力传感器插件第____脚到整车控制器线束端81芯插件（A）____脚线束针脚信号线是否导通，下图所示为压力传感器信号线测量图。检测结果：_____。

2）检查真空压力传感器供电是否正常：使用万用表测量真空压力传感器插件第____脚到整车控制器线束端121芯插件（B）____脚线束针脚导通后，使用万用表测量真空压力传感器线束端第1脚是否有_____V电压，如达不到，初步判定整车控制器损坏。检测结果：_____。

3）检查真空压力传感器的信号输出是否正常：使用万用表测量真空压力传感器插件第____脚到整车控制器线束端121芯插件（B）____脚线束针脚导通后，使用万用表测量真空压力传感器线束端第____脚是否有_____V输出电压，如达不到，初步判定传感器损坏。检测结果：_____。

(3) 检查真空泵是否正常

1) 检查真空泵供电是否正常：使用万用表测量真空泵插件第____脚到整车控制器线束端 81 芯插件（A）____脚线束针脚是否导通，如下图所示，真空泵供电线束测量。若导通，使用万用表测量出真空泵线束端应该有_____V 电压，如达不到，初步判定整车控制器损坏。检测结果：_____。

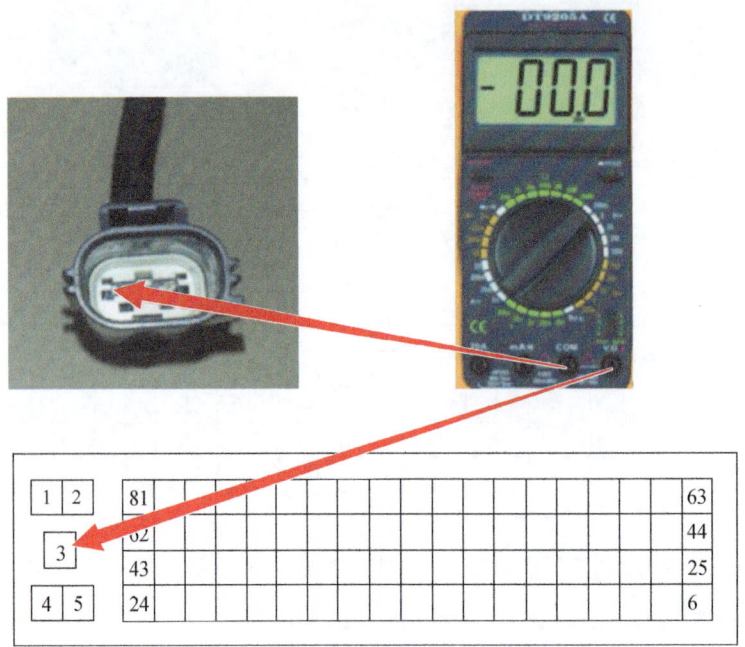

2) 检查真空泵搭铁是否正常：使用万用表测量真空泵插件第____脚 G_2 到低压电机线束总成_____搭铁针脚是否导通，如下图所示，真空泵搭铁线束测量。检测结果：_____。

3) 检测真空泵，通过踩制动踏板查看真空泵是否正常工作，用真空表测试制动真空压力，当压力低于_____kPa 时，没有在 8s 内恢复，检查真空泵是否漏气，如连接管路无漏气，则判定真空泵损坏。检测结果：_____。

4) 通过踩制动踏板，真空泵达到正常工作压力后应停止工作。如不停止工作，检查真空储存罐单向阀连接管路是否漏气，真空储存罐单向阀胶圈是否损坏。检测结果：_____。

5) 检查真空助力器是否正常：通过踩制动踏板，真空泵达到正常工作压力应停止工作，检查真空助力器连接管路有无漏气，连续踩_____以后踩住制动踏板，听真空助力器是否有漏气声，确定故障点。检测结果：_____。

六、任务检查与评价

1. 请进行必要的最终检查和"6S"管理
2. 请根据实施过程进行总结并完善改进工作计划

总结内容和改进工作计划：

_____

_____

3. 学生填写自评表

要求每一个小组学生派代表上讲台讲述小组的学习成果和经验收获。

课堂小组经验分享记录

4. 教师填写总评表

老师评价结果记录

学习任务 2　检修冷却系统故障

一、任务描述

客户委托：排除"仪表显示电机过热"故障

客户反馈 EV200 车辆在行驶中仪表显示电机过热故障，车辆行驶几公里以后，出现限速 9km 现象，仪表显示电机控制器过热。出现此故障后需将点火开关关闭，故障现象才会暂时消除，但行驶一段时间后故障还会重复出现。那么你作为维修人员，该如何排除这个故障呢？

教师协助学生分析工作任务，运用问题引导方法：

1. 你在任务中的角色是什么？

___

2. 你的工作任务是什么？

___

二、任务分析

1. 请检查并记录车辆使用情况

检查项目	状态记录
周期维护灯亮起	□是 □否
行驶里程	km
上次维护时间	
检查车辆外观状态	

2. 根据任务描述中车辆的情况明确本次工作任务，并分析完成本次工作任务所需要掌握的知识点有哪些？

头脑风暴图

三、任务资讯

1. 电动汽车冷却系统功用

1）电动汽车冷却系统的功用是_____
_____。

2）请简单描述电动汽车对电机和电机控制器进行冷却的原因。
_____
_____

2. 冷却系统的结构组成

电动汽车冷却系统主要由_____、_____、风扇、水管、冷却液等组成。请在图中填写相应部件的名称。

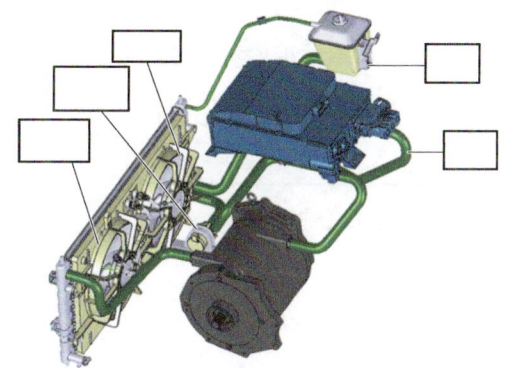

其中_____是冷却液循环的动力元件，对冷却液加压，促使冷却液在冷却系统中循环，带走系统散发的热量。它采用的是_____电机。_____是提高流经散热器、冷凝器的空气流速和流量。_____为冷却系统冷却液的排气、膨胀和收缩提供受压容积，补充冷却液和缓冲热胀冷缩的变化，同时也作为冷却液加注口。

3. 冷却系统冷却路径

对于充电机是风冷式的车型，该车冷却系统的冷却路径是：
_____

对于充电机是水冷式的车型，该车冷却系统的冷却路径是：
_____

4. 检查冷却系统

1）在打开散热器盖之前，必须确认电机、DC/DC、电机控制器以及散热器均已_____。

2）检查冷却系统需要检查哪些项目？

-
-
-
-

3）在检查前机舱任何部件之前，整车需要断电，将点火开关关闭，断开_____。

5. 加注冷却液

请将加注冷却液步骤填写在方框处：

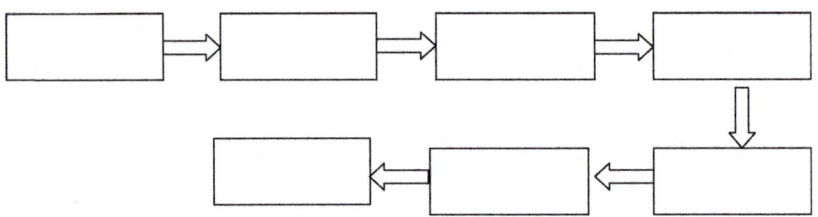

四、计划决策

> 温馨提示
>
> 请各小组学习、思考和讨论解决问题的具体工作计划，考虑时间、工具、物料并将流程图画在下面空白处，接下来各组派出代表陈述本组的工作方案。

工作计划流程图（可用图表或思维导图）

温馨提示

各小组对其他组的工作计划进行互评，教师总评，并将评语写在侧面框内。各小组根据教师和各组的评价进行方案优化。

优化后的流程图

工具准备：

序　号	工　具　名　称	工　具　数　量
工具使用规范	请填写工具使用规范	

五、任务实施

1. 对仪器进行检查

请按规范依次检查仪器，并将检查方法与检查结果填写在下表中。

检查仪器名称	检查方法	是否正常
绝缘手套	请各组同学按下图操作方法检查绝缘手套。 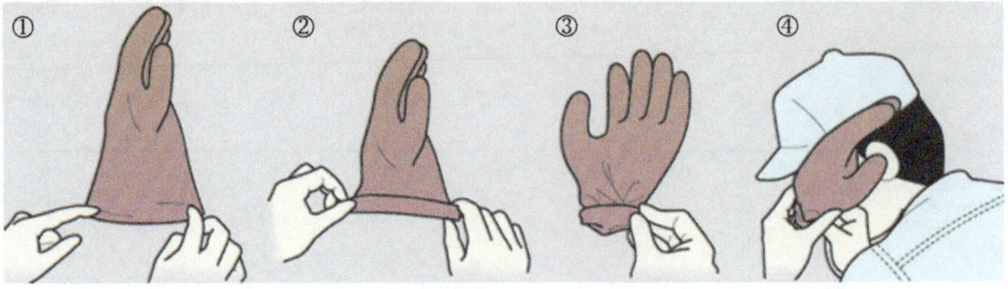 ① ② ③ ④ 检查有无裂缝、损坏；	是□ 否□
万用表		是□ 否□

2. 诊断方法

序　号	实施步骤	是否完成
1	检查冷却液是否缺少	是□ 否□
2	检查管路有无泄漏	是□ 否□
3	连接诊断仪	是□ 否□
4	读取电机和电机控制器温度的变化	是□ 否□
5	检查 MB02 熔丝是否损坏	是□ 否□
6	检查水泵继电器工作是否正常	是□ 否□
7	检查水泵本体	是□ 否□
8	检查熔丝 SB02 和 SB03 是否损坏	是□ 否□
9	检查风扇继电器 1-高速和风扇继电器 2-低速是否工作正常	是□ 否□
10	检查风扇本体	是□ 否□
11	排除故障	是□ 否□

六、任务检查与评价

1. 请进行必要的最终检查和"6S"管理
2. 请根据实施过程进行总结并完善改进工作计划

总结内容和改进工作计划：

3. 学生填写自评表

要求每一个小组学生派代表上讲台讲述小组的学习成果和经验收获。

课堂小组经验分享记录

4. 教师填写总评表

老师评价结果记录

学习任务 3　检修电动助力转向系统故障

一、任务描述

客户委托："排除"转动转向盘沉重故障""

小王于 2015 年购买了一辆北汽新能源 EV200 轿车，行驶了 2 万 km，最近发现车辆在行驶时向左转动转向盘稍微沉重，向右转动转向盘正常，仪表显示无故障。于是前往 4S 店修理，作为维修人员的你接待了小王，详细询问车辆故障现象及故障发生的过程，了解客户需求后，展开维修工作。

教师协助学生分析工作任务，运用问题引导方法：

1. 你所面对的是什么类型的车辆？

_____

2. 你在任务中的角色是什么？

_____

3. 你的工作任务是什么？

_____

4. 转向系统的分类有哪些？

_____

5. 电动助力转向系统的优点有哪些？

_____

二、任务分析

1. 请检查并记录车辆使用情况

检查项目	状态记录
周期维护灯亮起	□是 □否
行驶里程	km
上次维护时间	
检查车辆外观状态	

2. 根据任务描述中车辆的情况明确本次工作任务，并分析完成本次工作任务所需要掌握的知识点有哪些？

三、任务资讯

1. 电动助力转向系统概述

电动助力转向系统能够根据汽车 _____、_____、_____ 和 _____ 等，为驾驶人提供最佳转向助力，使转向更加轻松柔和，另外还能使车辆具有良好的直线保持能力以及抑制颠簸路面反作用力的能力，保证各种行驶工况下的路感。

2. 电动助力转向系统的组成分类

1）电动助力转向系统主要由 _____、_____ 和 _____ 等组成。

2）目前电动助力转向系统按助力作用位置分为 _____、_____ 和 _____。

3）填写下图空白处部件名称。

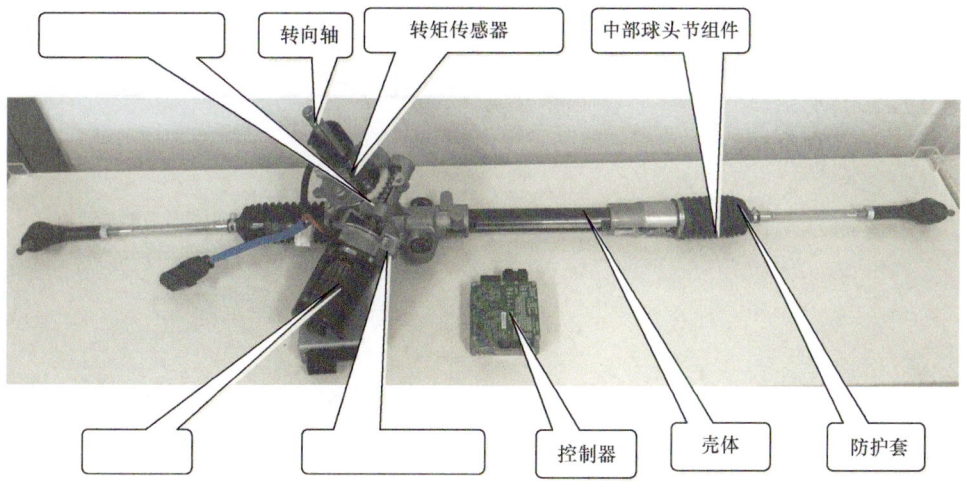

3. 电动助力转向系统工作原理

电动助力转向系统在 _____ 转向时，可获得较轻便的转向特性，而在 _____ 转向时，则可获得完全的转向"路感"，具有优越的控制特性，保证车辆行驶的安全。

4. 电动助力转向系统常见故障

电动助力转向系统常见的故障现象有：_____
_____。

四、计划决策

> 🚗 **温馨提示**
>
> 请各小组学习、思考和讨论解决问题的具体工作计划,考虑时间、工具、物料并将流程图画在下面空白处,接下来各组派出代表陈述本组的工作方案。

工作计划流程图

> 🚗 **温馨提示**
>
> 各小组对其他组的工作计划进行互评,教师总评,并将评语写在侧面框内。各小组根据教师和各组的评价进行方案优化。

优化后的流程图

各小组组长确定每一位学生的学习角色,对小组任务进行分配。组员按组长的要求完成相关任务内容,并将自己所在小组及个人任务内容填入表中。

课堂任务：

序　号	成员角色、任务分配	负　责　人

工具准备：

序　号	工　具　名　称	工　具　数　量
工具使用规范	请填写工具使用规范	

五、任务实施

1. 对仪器进行检查

请按照规范依次检查仪器，并将检查方法与检查结果填写在下表中。

检查仪器名称	检查方法	是否正常
绝缘手套	请各组同学按下图操作方法检查绝缘手套 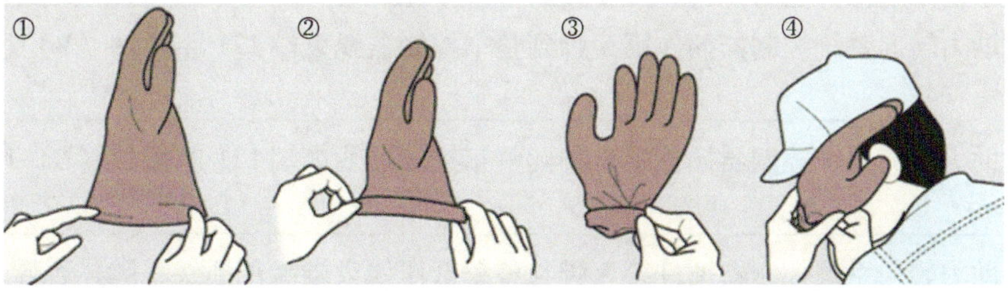 ① ② ③ ④ 检查有无裂缝、损坏	是□否□
万用表		是□否□
解码器		是□否□

2. 操作过程（以 EV200 轿车为例）

查阅维修手册，电动助力转向系统的原理图如下图所示。

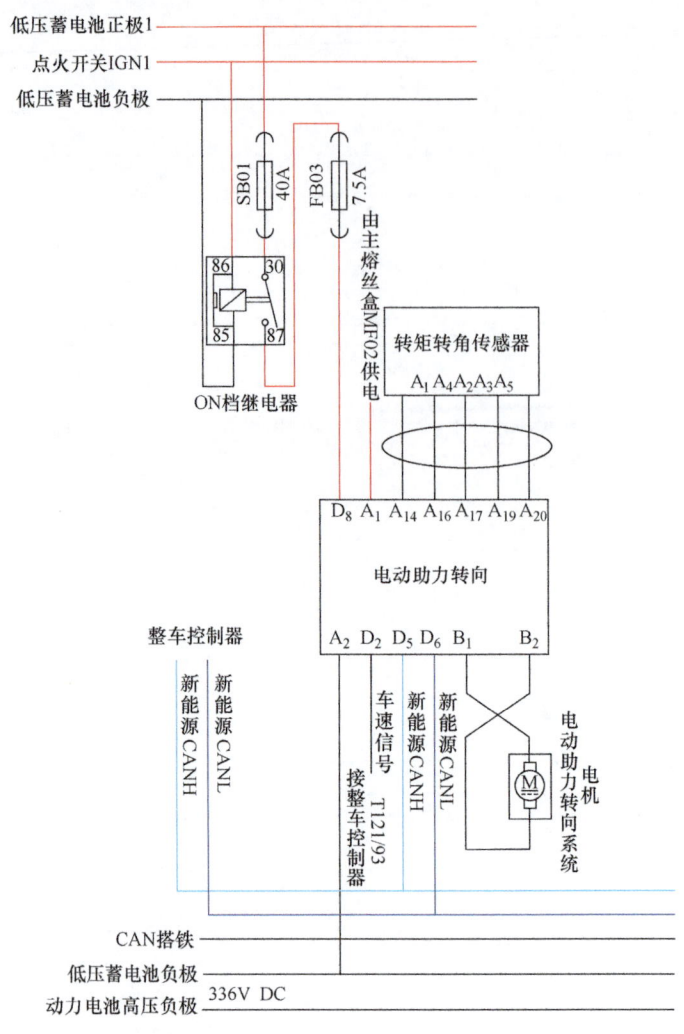

1）检查总熔丝盒电动助力转向系统控制器 60A 熔丝是否正常，_____。

2）检查发动机舱电器盒电动助力转向系统熔丝 FB03 是否正常，_____。

3）测量电动助力转向系统控制器插件第 2 脚与整车控制器线束端 121 芯插件（B）93 脚线束针脚是否导通，_____。

4）测量电动助力转向系统控制器插件第 4 角与整车控制器线束端 81 芯插件（A）15 脚线束针脚故障信号是否导通，_____。

5）测量电动助力转向系统控制器插件第 5 脚到整车控制器线束端 121 芯插件（B）111 脚线束针脚是否导通，_____。

6）测量电动助力转向系统控制器插件第 6 脚到整车控制器线束端 121 芯插件（B）104 脚线束针脚是否导通，_____。

7）测量电动助力转向系统控制器插件第 8 脚与整车低压线束端绿色插件 2 脚是否导通，_____。

8）测量电动助力转向系统控制器插件第 1 脚与总熔丝盒电动助力转向系统控制器 2 针脚是否导通，_____。

9）测量电动助力转向系统控制器插件第 2 脚与整车低压线束总成 CT10 搭铁针脚是否导通，_____。

10）检查前机舱电器盒（SB01）电动助力转向系统熔丝40A熔丝是否正常，_____。
11）检查前机舱电器盒（ERY01）ON档继电器是否正常，_____。
12）测量前机舱电器盒（SB01）电动助力转向系统控制器熔丝40A熔丝与前机舱电器盒2脚是否导通，_____。
13）测量前舱电器盒ON档继电器（ERY01）到前舱电器盒4脚是否导通，_____。
14）检查电动助力转向系统熔丝40A（SB01）插件与前机舱电器盒背面J8是否虚接，_____。
15）检查ON档继电器（ERY01）插件与前机舱电器盒背面J6是否虚接，_____。
16）检查助力电机线束插件与电动助力转向系统控制器是否虚接，_____。
17）测量助力电机输出电源插件到电动助力转向系统控制器的电压为_____（标准值为6.9V）。
18）检测电动助力转向系统控制器转接线，测量左转向电动助力转向系统转矩传感器主路信号电压为_____，初步分析助力电机损坏，更换电机故障排除。

六、任务检查与评价

1. 请进行必要的最终检查和"6S"管理
2. 请根据实施过程进行总结并完善改进工作计划

总结内容和改进工作计划：
_____
_____

3. 学生填写自评表

要求每一个小组学生派代表上讲台讲述小组的学习成果和经验收获。

课堂小组经验分享记录

4. 教师填写总评表

老师评价结果记录

学习任务4　检修电动空调系统故障

一、任务描述

客户委托：检修电动空调系统

一辆电动汽车的空调系统不能出冷风，作为一名维修电动汽车的技师请你为客户的车辆进行检查并排除空调系统故障。

教师协助学生分析工作任务，运用问题引导方法：

1. 你在任务中的角色是什么？

_____

2. 你的工作任务是什么？

_____

二、任务分析

1. 请检查并记录车辆使用情况

检查项目	状态记录
车辆是否有故障	□是 □否
行驶里程	km
仪表盘是否有故障警告灯	
检查车辆外观状态	

2. 根据任务描述中车辆的情况明确本次工作任务，并分析完成本次工作任务所需要掌握的知识点有哪些？

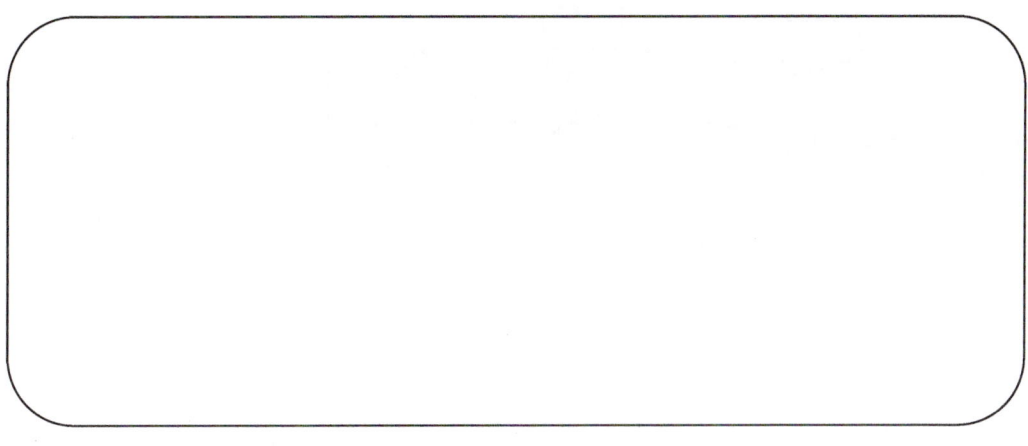

三、任务资讯

1. 空调制冷系统的组成

空调制冷循环系统的组成与传统车辆类似,由空调压缩机、冷凝器、膨胀阀、蒸发器及管路组成。请在下图的方框处填写空调制冷系统元件相应的名称。

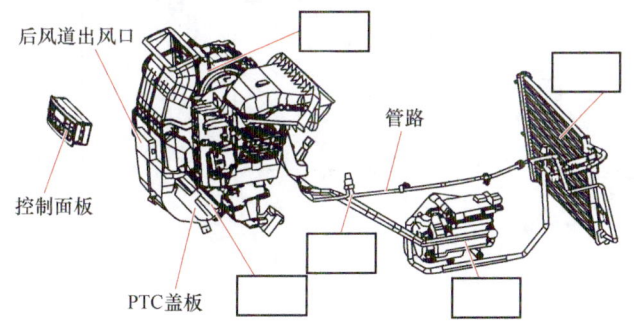

2. 电动空调压缩机

电动汽车空调驱动方式与传统汽车空调不同,采用电机驱动。请在下面两幅图中标出电动空调的高低压插件和压缩机的进排气口。

 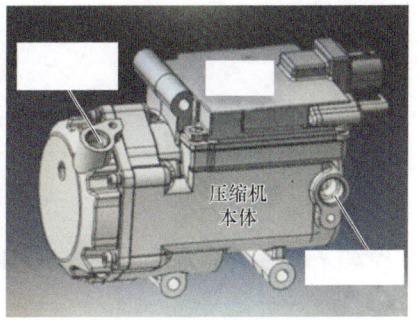

3. 空调送风系统

空调送风系统的作用是指经过冷却或加热的空气通过特定的风道送到驾驶室内相应的位置。送风系统的组成主要由鼓风机、风道、风门和出风口等组成。请在下图的方框处填写相应部件的名称。

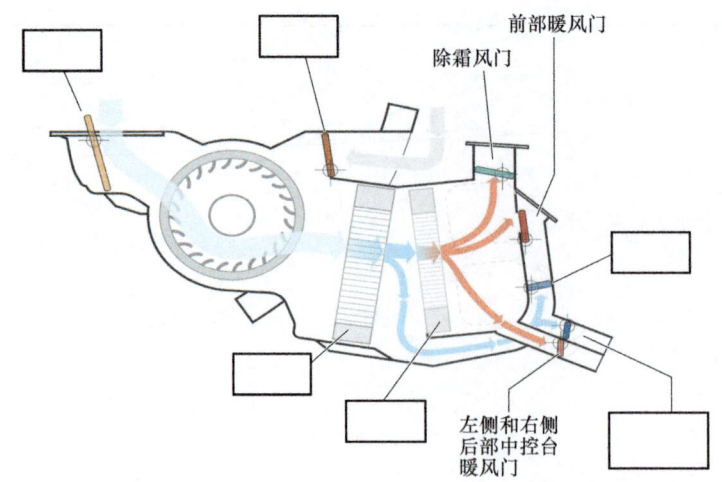

4. 空调控制方式

在某电动车型中,整车控制器控制空调功能的开启与关闭。请将整车控制器控制的空调系统工作原理图补充完整。

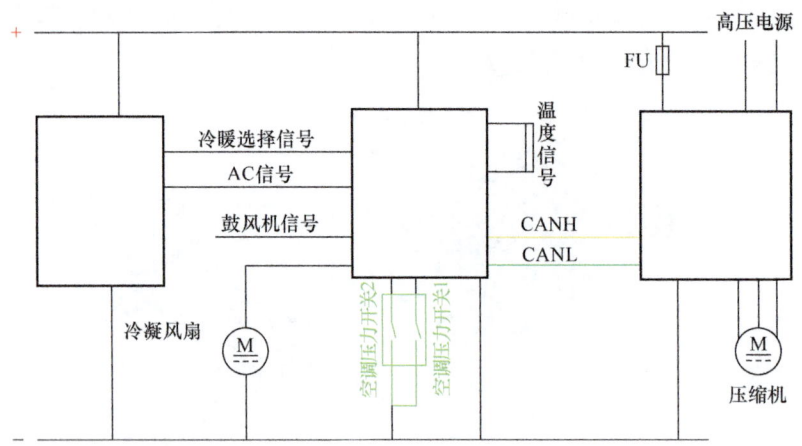

5. 冷却风扇的控制策略

冷却风扇的控制与制冷剂管路压力有关,请将风扇控制与系统压力的关系表补充完整。

序 号	系统压力工况	系高低压触发状态	系中压触发状态	风扇请求状态
1	压力过低			
2	压力正常			
3	压力偏高			
4	压力过高			

6. 与空调系统有关的控制器的通信

请根据下图写出空调系统与 PTC 系统通信的相关内容。

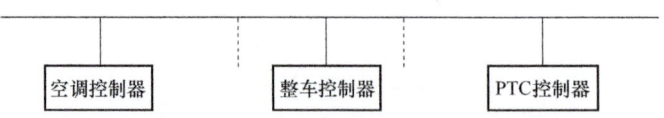

空调控制器与 PTC 控制器通信:

7. 空调系统故障诊断

空调系统故障包括 CAN 通信故障、欠电压故障、过电压故障、过热报警、过电流保护等几种类型。请写出欠电压故障和过电压故障的含义。

欠电压故障：_____

_____

过电压故障：_____

_____

8. 请根据图形将某车型的空调控制面板图补充完整

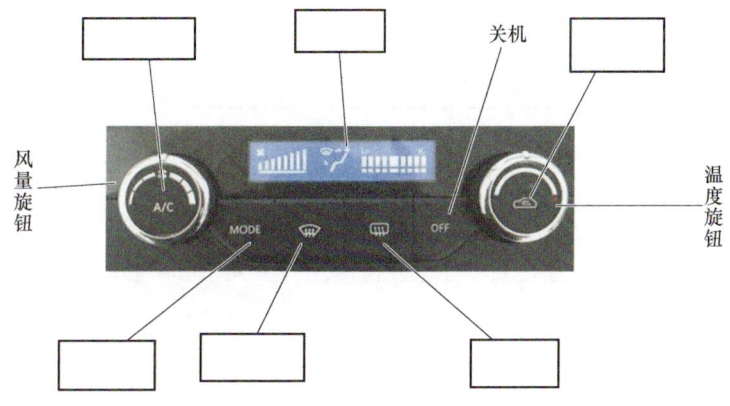

四、计划决策

> **温馨提示**
>
> 请各小组学习、思考和讨论解决问题的具体工作计划，考虑时间、工具、物料并将流程图画在下面空白处，接下来各组派出代表陈述本组的工作方案。

工作计划流程图

> **温馨提示**
>
> 各小组对其他组的工作计划进行互评,教师总评,并将评语写在侧面框内。各小组根据教师和各组的评价进行方案优化。

优化后的流程图

工具准备:

序 号	工具名称	工具数量
工具使用规范	请填写工具使用规范	

五、任务实施

1. 请写出空调系统维修注意事项

1)压缩机绝缘电阻值为 20MΩ。

2)高压部件安全操作。

3)拆解后及时密封各管路开口,防止水或湿空气进入系统。

4)冷冻机油(压缩机润滑油)与传统车(PAG 冷冻机油)不同,勿混用。

5)连接安装各管路接口时注意管口清洁,O 形圈涂抹冷冻机油。

6)按要求加注制冷剂。

7)制冷剂喷出时注意个人防护,避免接触冻伤,吸入及误入眼睛。

2. 检查空调系统的压力

序号	操作项目
1	正确操作空调面板，打开空调制冷系统
2	使用压力表检查系统压力是否正常，若不正常，表现为电子扇不工作 测量的高压压力_____ bar （1bar = 100kPa） 测量的低压压力_____ bar
3	检查空调系统的电路是否存在短路、断路、插接器不良的现象
4	若均正常，可怀疑空调控制面板或整车控制器，检查电动压缩机控制信号是否正常
5	无法检出外围故障，则可认定为压缩机自身故障

3. 请根据下表，排除驱动控制器不工作和压缩机不工作

故障	现象	原因及判断
驱动控制器不工作，压缩机不工作	压缩机无起动声音，电源电流无变化	①DC 12V 控制电源未通入驱动控制器 ②控制电源电压不足或超压 ③接插件端子接触不良或松脱

4. 当空调系统不能够吹热风的时候，要对 PTC 故障进行排查，请根据下表进行故障排查

序号	PTC 故障排查	实施结果
1	首先确认操作正常	是□否□
2	检查系统连接是否正常，是否存在接插件漏插等现象	是□否□
3	高压熔丝（即高压电输入 PTC 控制器）是否正常	是□否□
4	通过故障诊断仪进行故障提示 故障提示内容_____	是□否□

六、任务检查与评价

1. 请进行必要的最终检查和"6S"管理
2. 请根据实施过程进行总结并完善改进工作计划
   总结内容和改进工作计划：
   _____
   _____

3. 学生填写自评表
   要求每一个小组学生派代表上讲台讲述小组的学习成果和经验收获。

课堂小组经验分享记录

4. 教师填写总评表

老师评价结果记录

参 考 文 献

[1] 何洪文，等. 电动汽车原理与构造［M］. 北京：机械工业出版社，2012.
[2] 李晓林. 电动汽车整车控制系统介绍［J］. 科技资讯，2012（19）：27-29.
[3] 凌秋妮，吴洁霞，张云星，等. 整车控制器国内外专利技术现状综述［J］. 汽车工业研究，2014（02）：45-50.
[4] 陈开考. 汽车构造与拆装（下）［M］. 北京：机械工业出版社，2010.
[5] 陈新亚. 汽车为什么会跑——底盘图解［M］. 北京：机械工业出版社，2015.
[6] 麻友良，严运兵. 电动汽车概论［M］. 北京：机械工业出版社，2012.